L'ARCHITECTURE

DU

TEMPLE DE SALOMON

ET LE

CANTIQUE DES CANTIQUES

RÉFUTATION DE M. RENAN

PAR

M. LE Vte FRANÇOIS DE SALIGNAC FÉNELON

Membre correspondant de l'Académie catholique de Paris

PARIS

A. ROGER ET F. CHERNOVIZ, ÉDITEURS

7, RUE DES GRANDS-AUGUSTINS, 7

L'ARCHITECTURE

DU

TEMPLE DE SALOMON

ET LE CANTIQUE DES CANTIQUES

IMPRIMERIE

D. DUMOULIN ET Cⁱᵉ, A PARIS

L'ARCHITECTURE

DU

TEMPLE DE SALOMON

ET LE

CANTIQUE DES CANTIQUES

RÉFUTATION DE M. RENAN

PAR

M. LE Vte FRANÇOIS DE SALIGNAC FÉNELON

Membre correspondant de l'Académie catholique de Palerme

PARIS

A. ROGER ET F. CHERNOVIZ, ÉDITEURS

7, RUE DES GRANDS-AUGUSTINS, 7

1889

Droits réservés.

L'ARCHITECTURE
DU
TEMPLE DE SALOMON
ET LE CANTIQUE DES CANTIQUES

Plusieurs motifs nous obligent à relever, sur ce point spécial, les ignorances d'un faux sage, de Renan, publiées dans la *Revue des Deux Mondes* (n° du 1ᵉʳ août 1888). Ignorances où son entière mauvaise foi implique le mensonge volontaire : étalage de déclamations qui visent à obscurcir, de sa part précisément, les travaux du prétendu « obscurantisme ». Ce n'est donc pas pour éclairer un aveugle d'apostasie que nous prenons la plume, mais, d'abord, pour montrer la voie aux esprits égarés par lui. Nous nous adressons surtout aux savants dignes de ce nom, qui mettent, avec le respect de la parole de Dieu, la vérité de l'histoire et les témoignages de la science solide au-dessus des basses calomnies du sectaire.

Cette réfutation, nous la devons d'autre part à nos maîtres, qui se résument en deux noms : les jésuites Villalpand et Pailloux. Par eux furent successivement recueillis, il y a trois siècles et de nos jours, les trésors de la tradition ecclésiastique, enrichis de leurs immenses travaux touchant le Temple. Grands furent ces hommes par leur profonde connaissance de toute l'antiquité et le génie de leur exégèse. C'est surtout dans l'ouvrage du second (*Monographie du Temple de Salomon*, Roger et Chernoviz, 1885), qui résume et complète son devancier, que nous puiserons les éléments substantiels de nos conclusions.

Nous la devons à nos propres convictions, qui n'ont pas seulement leur base sur de telles autorités, mais qui reposent sur une étude personnelle, refaite et développée en suivant ces guides, il est vrai, mais en nous permettant de vérifier, de contrôler, jusqu'à la moindre, chacune des parties de leur enseignement. Ce que nous en produirons sera donc le fruit d'une démonstration scientifiquement acquise à nos yeux.

Nous la devons enfin, — pourquoi ne pas le dire? — à plus d'une théorie séduisante de l'archéologie moderne, fût-elle représentée par des écrivains croyants et catholiques. Théories dont l'origine, au moins suspecte, remonte aux textes plus ou moins falsifiés de tel historien profane, et dont l'effet est de jeter la contradiction, — suivie du discrédit, — dans nos textes sacrés.

I

Les données du Temple de Jérusalem nous sont fournies, soit par les Livres historiques de la Bible, soit par la prophétie d'Ézéchiel : plan du sanctuaire, indication des parvis et portiques dans les uns; description explicite des deux enceintes de portiques, des cours des parvis et du sanctuaire, dans la seconde.

Or, ces deux sources de documents nous conservent les plans réels du Temple de Salomon, et de celui de Zorobabel, qui ne put être, par ordre divin, que la reproduction architecturale du premier.

Le plan du Temple fut inspiré par Dieu au roi David. Nous lisons dans le premier livre des Paralipomènes (ch. xxviii, v. 19) : « *Omnia venerunt scripta manu Domini ad me*, tous ces détails m'ont été transmis, indiqués par la main du Seigneur, » après la description même, résumée, du Temple, que David laisse à exécuter par Salomon son fils : *Dedit autem David... descriptionem porticus et templi...* (*Ibid.*, v. 11). De plus, Salomon lui-même, au livre de la Sagesse (ch. ix, v. 8), rapproche cet ordre donné par Dieu à David de celui qui fut intimé à Moïse pour la construction du Tabernacle : *Dixisti me ædificare templum... et... altare, similitudinem Tabernaculi sancti tui, quod præparasti ab initio*.

La vision d'Ézéchiel, attestée par le récit sacré, mais mise en suspicion d'autorité par divers critiques, ne fut ni purement corporelle, ni seulement intellectuelle. D'après le sentiment le plus commun des interprètes, ce fut une vision imaginaire, présentée au prophète dans un ravissement hors de ses sens : infaillible quant à l'exactitude, celle du crayon divin ; irréprochable dans sa transmission immédiate à l'esprit et au cœur du voyant ; l'âme de celui-ci fut comme le miroir où put se réfléchir sans trouble l'image du Temple, comme la plaque métallique où s'en gravèrent, sans résistance ni altération, tous les traits lumineux.

Le sens mystique de cette vision n'exclut nullement son sens réel, pas plus que le second terme idéal d'une allégorie n'exclut le caractère réalisable du premier.

Les plans circonstanciés qu'elle renferme indiquent, outre sa destination symbolique, une autre destination, l'exécution même du Temple.

D'après les Pères, et suivant la doctrine de saint Paul, le Temple de Salomon figurait l'Église en rapport de symbolisme parfait. La seule utilité mystique des plans d'Ézéchiel fut donc la reproduction, pierre par pierre, coudée par coudée, de ce même Temple, alors détruit, dont il fallait conserver les dispositions et les plans à la Synagogue et à l'Église.

L'obscurité de la vision d'Ézéchiel est inhérente à la nature de nos Saints Livres, pleins de mystères qu'un exercice laborieux et humble, sous l'autorité interprétative de l'Église, peut seul pénétrer ; elle est commune aux prophéties, naturelle aux descriptions architecturales par l'emploi de termes techniques dans un devis de trois mille ans d'existence, écrit en une langue de quatre mille ; insuffisamment éclairée, ou même accrue par les Versions, dont aucune, même notre Vulgate, — chef-d'œuvre pourtant de discrétion et d'érudition humaine, — dont aucune, disons-nous, ne sonda, pour les résoudre, toutes les difficultés des plans d'Ézéchiel.

Le Prophète, enfin, dut viser cette obscurité ; car son regard embrassait à la fois la Synagogue présente et l'Église future. Les promesses faites à l'une restaient en partie subordonnées à la fidélité d'Israël, qui allait devenir le peuple prévaricateur ; celles qui concernaient l'autre, renfermant surtout des biens spirituels, ne pouvaient être comprises que de quelques âmes d'élite.

Ces objections écartées, nous prouvons directement le caractère réel de ces mêmes plans, au point de vue de l'architecture.

Rien ne saurait être plus formel que l'ordre intimé au prophète : « Fils de l'homme, regarde de tes yeux, écoute de tes oreilles, et grave dans ton cœur tout ce que je te montrerai, car tu as été conduit ici pour le considérer. Et tout ce que tu auras vu, tu l'annonceras à la maison d'Israël. » (Ézéch., ch. xl, v. 4.) Et plus loin : « Fils de l'homme, montre à la maison d'Israël le Temple, et qu'ils soient confondus au souvenir de leurs iniquités ; qu'ils mesurent ses constructions... Tu leur montreras la figure de la Maison, sa distribution et ses plans... Tu les traceras de ta main, et les exposeras à leurs regards... » (*Ibid.*, ch. xliii, vv. 10 et 11.)

Il en résulte qu'Ézéchiel eut à faire quatre opérations importantes :

1° Comprendre et déchiffrer les plans qu'offrait à son esprit la série des visions ;

2° Les déchiffrer et se les rendre familiers au point de se les approprier ;

3° S'en pénétrer au point de pouvoir les reproduire en dessins voyants, ou en relief, pour frapper les regards du peuple ;

4° Les étudier assez profondément pour en tracer les plans d'exécution et toutes les lignes architecturales.

Or, si nous en jugeons par l'idée que se formaient les anciens de l'architecte, « cultivé par des études multiples et orné de toutes les sciences » (Vitruve, liv. Ier, ch. 1er), « juge et maître habile dans tous les arts... philosophe » en un mot (Platon, *De regno, De philos.*), ou le Sage par excellence (Isaïe, ch. III, v. 1... 3), versé notamment dans l'histoire, — celle des peuples et celle des arts, — quel architecte ne dut pas être Ézéchiel, pour entendre et retenir les explications si succinctes et si spéciales de son céleste guide, les mystères d'une telle construction! pour noter les traits, tracer l'esquisse des lieux sacrés, et s'approprier dans l'ordre de l'exécution, qu'il aura à diriger, ces mêmes plans! pour reproduire aux yeux du peuple, non les plans, indéchiffrables au vulgaire et à d'autres qu'aux savants de l'art, mais une vue du Temple, dessin en perspective, échantillon en peinture, ou mieux modèle en relief! pour faire enfin le plan architectural, c'est-à-dire l'ensemble des plans, indispensables à l'exécution même, des terrains, des mesures générales, des différentes enceintes et des édifices, avec leurs motifs et accessoires séparément achevés!

En vue d'une pareille tâche, ce n'est pas trop d'attribuer au Prophète-Architecte les mêmes dons de sagesse, d'intelligence et de science départis, soit aux ouvriers de Moïse élevant le Tabernacle montré au Sinaï, soit à Salomon lui-même réalisant les prescriptions inspirées de son royal père. D'autant que la reconstruction du Temple n'exigeait pas moins de génie et de connaissances pour en diriger les travaux, que les monuments célèbres de l'art dans les mêmes contrées orientales : édifices existant la plupart au temps de la Captivité, et auxquels personne n'oserait refuser l'initiative de la conception et la suite des efforts d'un maître d'œuvre. Il est donc vrai qu'Ézéchiel dut être un architecte, et de premier ordre, sans compter l'assistance divine de sa mission.

La même conclusion s'impose, si nous réfléchissons à l'emploi qu'on dut faire de ses plans au retour des Juifs de la Captivité. Car, pour entreprendre d'immenses labeurs, tels que cette restauration du Sanctuaire, ordonnée aussi par Cyrus, il ne suffisait pas des souvenirs lointains de quelques vieillards, témoins de la gloire du vieux Temple : souvenirs précieux pourtant, et soigneusement recueillis. Les descriptions laissées au livre des Rois, ou consignées aux Paralipomènes, dont l'auteur fut Esdras, — mais sans doute en abréviation de documents plus anciens, tels que les prophètes Gad et Nathan : autrement, comment admettre, par exemple, les longues généalogies des douze premiers chapitres? — ces descriptions étaient incomplètes et sommaires. Zorobabel fit donc étudier la célèbre prophétie d'Ézéchiel, connue alors, universellement répandue alors, et qui renfermait les indications précises et techniques d'un projet de réédification. Aidé de ces secours, il mit la main à son entreprise, sûr d'élever, dans le Temple nouveau, moins la richesse et les ornements, la vraie maison de Dieu décrite à David, en conformité avec les lois liturgiques et les prescriptions immuables du culte d'Israël.

C'est dire que nous n'avons pas d'autre marche à suivre nous-même pour ressaisir le fil de ces devis du Temple : compléter, en les rapprochant et les comparant, partie par partie, les Récits historiques et la Vision prophétique, suppléant à la concision de ceux-là, témoignages contemporains, par le détail circonstancié de celle-ci, destinée à en remplir les lacunes. C'est ce qu'ont fait les Pères Villalpand et Pailloux, dont nous reproduisons plus loin les travaux. L'exposé précédent donne les bases de leur démonstration, tendant à établir la réalité des constructions mystérieuses du Temple, telles que les formulent nos Écritures.

Un dernier mot, pour répondre à une objection spécieuse. La parole, disions-nous tout à l'heure, est inhabile à reproduire un plan d'édifice propre à être exécuté. Dès lors, sommes-nous sûrs de la traduire aujourd'hui en plan régulier? Pouvons-nous garantir la ressemblance?

Ni la connaissance du Temple, exigeant des recherches, des études multiples, des années de labeurs et de calculs, n'est dans l'ordre pratique, même pour le commun des érudits; ni les plans, qui représentent la physionomie et les dispositions générales du Temple ne sont eux-mêmes d'un ordre essentiellement pratique. Un plan fait de mémoire ou sur des documents écrits, tout en restant reconnaissable et authentique, peut ne pas être susceptible de mise en œuvre immédiate; ou bien, sûrs de la ressemblance, nous ne le serions pas de l'identité.

Ce qui explique déjà comment le prétendu Temple

d'Hérode, s'il eût été une reconstruction complète, n'eût pas été le Temple de Zorobabel : le plan manquait.

Et pourquoi le troisième Temple rêvé par les Juifs, à la fin des âges, ne saurait être le Temple d'Ézéchiel : le plan fera défaut.

Nos lecteurs sont à même de se convaincre, par ces premières notions, de la fatuité d'un auteur qui a écrit les lignes suivantes : « Les efforts des architectes modernes, pour reconstruire le Temple de Jérusalem, d'après les données des livres historiques, prises comme exactes, ont échoué et échoueront toujours. Ces descriptions, faites de souvenir par des narrateurs étrangers à toute notion d'architecture, sont pleines d'impossibilités et de contradictions : pas un seul chiffre n'y est juste..., etc. » (Art. cité.)

Nous allons maintenant prouver, malgré le dédain facile de M. Renan, et appuyé sur nos autorités magistrales, que l'ensemble des chiffres des plans du Temple, aussi bien que leur détail, présente à l'exégèse et à la science les caractères d'une irréfutable exactitude.

Nous suivrons surtout la *Monographie du Temple de Salomon*, dont l'auteur, le P. Xavier Pailloux, mort à Lyon au commencement de 1887, deux ans après la publication de son ouvrage, a laissé une mémoire bénie pour son dévouement apostolique dans les missions des bagnes, et pour les illustres services, trop peu connus encore et appréciés parmi nous, qu'il a rendus à la science sacrée, maîtresse de toutes les autres !

Déjà nous avons observé que l'unité des plans de l'ancien et du nouveau Temple s'imposait au point de vue du symbolisme, que reconnaît la tradition tout entière. Ajoutons que le but avoué d'exciter les Israélites au regret du passé oblige l'interprète à ne voir, dans les descriptions d'Ézéchiel, que l'image, la photographie identique du Temple même bâti par Salomon, le même encore — c'est de l'histoire — qui fut détruit par les Chaldéens. En outre, Dieu, qui inspira l'un et l'autre, n'étant pas sujet à la variabilité des desseins humains, et ayant résolu de produire, dans un Temple déterminé, l'exemplaire, le type parfait de son Église qui est son Temple spirituel sur la terre et aux cieux, tel que l'indique même l'Apocalypse de saint Jean (ch. xi, vv. 1-2; ch. xv, v. 5; ch. xxi, vv. 9-27), avait doté ce même Temple et tous ses plans des accomplissements et des harmonies multiples qui convenaient à son caractère figuratif. D'où l'inutilité d'un changement quelconque dans le modèle qu'il en retrace aux yeux du Prophète. Du reste, la comparaison raisonnée des chiffres amène à l'accord intégral des mesures salomoniennes et des mesures postérieurement développées.

On ne s'étonnera donc pas, encore une fois, que nous réunissions en principe les deux questions du Temple de Salomon et du Temple d'Ézéchiel, et que nous puissions défier l'adversaire de nous réfuter en détruisant nos preuves; c'est lui, et non pas nous, qui se donne le tort, par ignorance et déloyauté surtout, de diviser ce qui ne forme qu'un seul et unique problème.

En abordant les constructions salomoniennes, il est à reconnaître que M. Renan précise bien un point de topographie : l'emplacement de la ville de David, qui occupait la partie sud du prolongement du Moria, jusqu'aux pentes d'Ophel. C'est la colline orientale, citadelle jadis des Jébuséens, dont la ville, comprenant la colline occidentale, et la vallée qui les sépare, s'étendit successivement au Nord et au Nord-Ouest, jusqu'à l'enceinte de Manassès, et plus tard, au Nord-Est, celle d'Hérode. Aussi bien cette précision est-elle empruntée au docteur v. Riess, chanoine de Rottembourg, qui l'établit à l'article *Zion* de sa *Géographie biblique* (Herder). Il s'ensuit que l'emplacement même des tombeaux des rois de Juda et de la maison de David, et celui du palais de Salomon, est bien fixé au sud de l'aire du Temple, le second occupant l'endroit où s'élève actuellement la mosquée El-Aksa, l'ancienne église de la Présentation de la Vierge Marie.

Nous rencontrons d'abord le palais du Roi et celui de la Reine. Bien que secondaires dans notre sujet, nous pouvons en fournir des plans approximatifs.

Leur architecture dépend entièrement de celle du Temple ; leurs mesures et la distribution de leurs édifices sont comme un extrait de ses plans, qui les ont fournies. Selon les indications du P. Pailloux, et d'après les textes (Rois, III, ch. vii, vv. 1-11) comparés notamment au livre d'Esther, ils étaient formés de quatre ailes de portiques, composées chacune de trois portiques carrés mitoyens (celles de l'Est et de l'Ouest fermées d'un mur), et reliées à angle droit par trois autres portiques continus formant façade (les uns et les autres à trois étages). Au milieu s'ouvrait le porche, symétrique aux porches sud du Temple. — Longueur, cinq cents coudées, comme les portiques d'Israël; celle des portiques s'échappant à l'intérieur, cent trente environ. Largeur de ces mêmes portiques, et des autres qui les relient (ainsi que la longueur de ces derniers), égale à celle des portiques du Temple. — Extérieurement, et se rattachant au mur de façade jusqu'à l'alignement du mur des Gentils, une enceinte semblable à ce dernier portique couronnait, à l'Orient, au Midi et à l'Occident, les grands murs des soubassements prolongés de ce côté. L'espace entre ce mur et les portiques était réservé aux jardins. L'ensemble mesurait six cents coudées de long, sur deux cent cinquante de large. Les quinze « colonnes » répétées en trois étages sont les entre-colonnements des travées, comptés de chaque côté du portique d'entrée, en laissant à part ce portique.

La destination des édifices, distribués de l'Ouest à l'Est, serait la suivante : Arsenal du bois du Liban et archives; salles royales et tribunal; demeure et appartements du roi, salles des réceptions solennelles et du trône; palais de la reine et des épouses du roi; salles de la reine et de sa cour; habitation des femmes et des vierges.

L'auteur fantaisiste qui n'attribue à Salomon que des « bâtisses frivoles et disproportionnées avec les ressources de la nation » convient plus loin que l'on exécuta « de grands travaux publics », l'enceinte continue de la Ville de David et la maison royale, qu'il compare aux palais de Karnak et de Médinet-Abou. Nous reviendrons sur le style des édifices.

Le plan qu'il donne des portiques offrirait une suite

de propylées et de salles, dont la disposition nous paraît arbitraire, car ni l'espace réservé aux constructions royales, ni le style surtout, en harmonie avec celui du Temple lui-même, ne s'y prêteraient. Il les entoure d'une « enceinte de trois rangées de pierres de taille, surmontées de poutrelles de cèdre, formant probablement une sorte d'auvent ». Que le lecteur s'en souvienne. « Ce grand ensemble de bâtiments », appelé encore plus loin « les grandes constructions de Jérusalem », se complétait, suivant Renan, par « la forêt du Liban » dont nous avons parlé, et dont il fait la description suivante : « Cour rectangulaire, presque sans fenêtres, avec une seule porte, en pierres colossales. Quatre rangs de colonnes de cèdres, dressées parallèlement au mur, dessinaient de chaque côté quatre allées. Ce promenoir, recouvert d'un plancher, servait de support à trois étages de chambres » (chiffre emprunté à Josèphe, comme les quinze chambres à chaque étage, en tout quarante-cinq) « qui montaient le long du mur. Les fenêtres étaient encadrées de linteaux de cèdre. » Et l'audacieux littérateur, qui s'étonne de la singularité de ces bâtiments « bizarres », produit de son imagination sauf quelques chiffres intercalés, croit racheter l'incohérence de son narré architectural, s'il a eu la prétention d'en offrir un, par la comparaison de la demeure royale d'un prince, le plus glorieux et le plus magnifique de l'histoire, avec les constructions plus ou moins anciennes en usage « dans l'Asie Mineure », ou peut-être, dirons-nous, avec les misérables habitations des campagnes de la Syrie, plafonnées en torchis mêlé

de troncs de peupliers ! Qu'on juge du reste par ce début !
Il donne, il est vrai, pour type parfait de ce genre, mais
sans étude suffisante à l'appui, la grande enceinte d'Hébron (salomonienne, d'après M. de Saulcy), armature
extérieure, « peut-être », d'un palais analogue à celui de
Salomon, construite d'appentis accolés à des murs colossaux, « un seul bloc formant toute leur épaisseur, layé
sur toutes ses faces ». — Les bases en pierres de huit ou
dix coudées, soit : le chiffre est de la Bible. Les assises
supérieures en pierres... « toutes égales, rangées selon
le mode que les Grecs appelaient isodôme » : sens général
des textes encore ; mais l'édifice reste mal défini.

Il lui manque donc un fil conducteur pour sortir du
dédale de ces portiques royaux et de ceux du Temple,
auxquels nous arrivons. Il lui manque la mesure exacte
des dimensions des uns et des autres, pour fixer leur
distribution.

Encore le vaste développement des portiques du
Temple appelle-t-il à son tour une vaste étendue réservée aux bâtiments sacrés, que tous les textes
montrent excluant ou subordonnant la maison du roi :
en particulier, les reproches faits aux rois impies
d'avoir juxtaposé leurs demeures et leurs tombeaux
aux parois du Temple (Ézéch., ch. xliii, vv. 7 et 8).
L'espace même qui s'offre sur le Moria ne permet pas
de supposer que le sanctuaire constituât, à lui tout seul,
le Temple, contre les témoignages les plus explicites
des Écritures, interprétés par les plus célèbres exégètes
catholiques (Cornélius a Lapide, Ménochius, Tirinus,
Mariana). Aussi le Temple fut-il tout autre chose

qu'une « chapelle de palais », et les prêtres n'étaient pas davantage « de simples fonctionnaires du roi ». C'est fouler aux pieds l'histoire que nier le caractère vraiment et uniquement national du Temple ! Salomon lui-même, dans la prière touchante conservée aux Paralipomènes (II Par., ch. VI), ne pouvait mieux traduire le cri et le vœu de tout son peuple dédiant à l'Éternel cette demeure, plus encore afin d'y trouver un accueil favorable à ses supplications, que pour offrir une habitation terrestre à Celui dont la majesté surpasse les cieux des cieux. Cela est tellement réel, que le grand parvis portait le nom, conservé par les commentateurs juifs, de Grand Parvis du Secours, *atrium magnum auxilii*: car c'était là que tout Israël venait implorer le secours divin.

II

Venons donc aux mesures. C'est la plus sobre partie de l'exposé de Renan. Il y en a plusieurs raisons.

Dans une autre diatribe, parue il y a quelques années, l'auteur prenait à partie notre prophète Ézéchiel, posé en réformateur du culte sacré d'Israël, inaugurant sa liturgie, avec l'ordre de son pontificat et ses annales définitives. M. Renan, toujours à propos du Temple, se moquait fort des tours et détours du « kalam » pris pour une mesure d'architecte, et signifiant plus modestement la plume, *calamus*, de l'écrivain. Ses goûts littéraires, ou ses répugnances artistiques firent tort, en l'occurrence, à la réflexion de l'orientaliste ; il lui advint de montrer sa négligence d'une langue qu'il paraissait citer, et de transformer, à la place du terme hébreu, un mot latin en orthographe grecque, car ce n'est pas « kalam » qu'emploie la Bible, mais *quanch middah*, la canne à mesurer ! Tels sont les procédés de sa critique si fière. Il va sans dire que M. Renan n'a jamais su ce qu'était cette canne, ou cette mesure, traduite en bon français par « calame ». Il a simplement traité de haute fantaisie ce qu'il était plus ardu — et dangereux pour sa fausse thèse — d'élucider.

Pour nous, l'évaluation de cette mesure est capitale. On le comprendra par notre description du Temple, écho de nos maîtres, de l'école entière des docteurs de l'Église, et même des talmudistes.

Le Temple de Jérusalem était formé de quatre corps de bâtiments séparés par trois parvis carrés concentriques, reposant sur un môle également carré de soubassements gigantesques : d'après Josèphe, de quatre cents coudées de haut, depuis les racines du Moria et le Cédron, et de huit cents coudées de côté ; soit, avec le noyau de roches de la montagne, quatre fois le cube de la grande pyramide.

Couronnant ces fondations énormes, au-dessus du sol actuel et des sous-sols du Temple (s'élevant eux-mêmes d'au moins quatre-vingt-dix coudées, *fornices super fornices*, répète la Mischnah), premier portique à trois rangs de colonnes, sans étages, sauf aux portes et aux tourelles (cinq à chaque face et aux angles), et premier parvis des Gentils. Ce portique fut semblable, moins la grandeur, aux autres ; son existence est unanimement reconnue : Josèphe et les rabbins (ces derniers pour le

Temple d'Hérode, identique à celui de Zorobabel) le signalent, malgré les confusions du premier dans ses plans du Temple. Cependant le texte inspiré fait tout au plus allusion, en quelques passages, à cette partie, réputée profane, de la maison de Dieu. Les blocs du *Binian*, cotés au calame (ou canne) cubique, au début de la vision prophétique, lui appartiendraient, définissant ainsi l'aire idéale du sol du sanctuaire et de toutes les colonnes; car le calame, nous le verrons, renfermait six coudées et un quart, ou vingt-cinq quarts de coudée.

Tels furent les terrassements et le dégagement en perspective du Temple quant à ses bases.

Puis s'élèvent, sur un niveau supérieur de sept marches, ou quarts de coudée, à trente coudées de distance du premier portique, les portiques d'Israël, hauts de soixante coudées au moins, en trois étages de chambres et de colonnes. Au milieu de chaque façade orientale, septentrionale et méridionale, s'ouvre un porche qui donne accès, à travers le mur et le portique, aux parvis réservés d'Israël : immense carré de cinq cents coudées à chaque face, inscrit lui-même dans le double carré plus extérieur des Gentils.

Ces portiques ont cinquante coudées de largeur : dimension qu'ils imposent, sinon au portique du dehors, large de trente, du moins à la projection de ses tours hors de l'enceinte, tours correspondant à leurs propres *propugnacula*. Des cours intérieures, au nombre de sept, de cent coudées carrées chacune, les séparent d'une seconde enceinte de portiques, au même niveau et de même hauteur, qui de ses trois ailes, Nord, Est et Sud, enserre la cour carrée centrale des prêtres, plus élevée de huit marches (quarts de coudée) elle-même, où se dresse l'autel. Ce sont les portiques réservés aux chantres sacrés et aux prêtres en fonctions, avec leurs colonnades à jour le long de la barrière qui clôture cette cour sacrée. Larges aussi de cinquante coudées, avec des porches symétriques aux premiers, ils sont reliés au grand portique d'Israël par des portiques de jonction semblables, s'échappant deux à deux sur chaque côté de leurs angles ou portiques carrés, joints de la sorte à trois ou quatre ailes de portiques.

Ce que les Livres saints appellent l'Édifice séparé, ou le Temple proprement dit, occupe partiellement le prolongement de cent cinquante coudées, laissé libre par la suppression de l'aile occidentale des prêtres, de la cour de cent coudées de leur parvis : soit une longueur de cent cinquante coudées sur cent de large, en comprenant la marge de vingt coudées, qui le sépare des portiques et de la barrière de ce parvis intérieur.

Là se dresse le sanctuaire, sur un niveau plus élevé de huit quarts de coudée (et deux marches encore pour le seuil sacré). Ses dimensions, les mêmes que celles du livre des Rois dans Ézéchiel, moins les contreforts pour la largeur (cinq coudées), et ajoutant ici en longueur le Vestibule et les appendices (plus les épaulements de la tour, soixante-dix coudées de large), offrent un parallélogramme de cent coudées sur cinquante (l'échelle même du parvis du tabernacle, notons-le en passant). La hauteur est formellement cotée à cent vingt coudées pour la tour frontale dans les Paralipomènes (Liv. II, ch. III, v. 4) : chiffre confirmé par Josèphe, lequel témoigne aussi de l'élévation totale de quatre-vingt-dix coudées au-dessus du Saint et du Saint des saints. Car il y avait deux compartiments : le Temple même ou les deux pièces sacrées que nous venons de nommer : trente coudées sous plafond, s'élevant davantage pour former voûte et séparation de l'espace sacré; et la salle du Cénacle, d'égales mesures, qui avec sa toiture en terrasse doublait le chiffre de l'étage inférieur.

Le plan du sanctuaire était le suivant : vestibule large de vingt coudées (largeur de l'Édifice moins les murs), long de dix, haut de cent vingt avec les deux étages du Cénacle et de la tour. Le Saint, quarante coudées sur vingt, séparé du vestibule par un mur de six coudées, celui du Temple, et une porte égale à la première en hauteur; un second mur de deux coudées, aussi dans œuvre, le séparant du Saint des saints, qui n'offre, lui, que vingt coudées en tous sens. Enfin, à l'extérieur du gros mur, entre celui-ci et le mur de cinq coudées enveloppant l'Édifice, flanqué des latéraux ou piliers faisant fonction de contreforts et trois fois de murs de refend, sur cinq coudées de large et vingt de haut tout autour du Saint et du Saint des saints, trois étages de chambres, dites Lieu de la prière, pour les dévotions des prêtres. C'est ainsi que s'explique le *bis triginta tria* (Ézéch., ch. XLI, v. 6), car les entre-colonnements permettent de compter onze de ces latéraux sur chaque côté du pourtour de l'Édifice. (Paraphrase chaldaïque : *Undena per ordinem*.)

Une autre difficulté de chiffres, qui aurait interrompu notre description, est celle des trente gazophylaces comptés par l'ange au sortir du porche oriental (ch. XL, v. 17), et confondus avec les chambres précédentes par Josèphe. Ce sont autant de travées des portiques entourant la cour Orientale, carré de cents coudées comme toutes les autres; soit sept à chaque façade où s'ouvrent les porches d'Israël et des Prêtres, et huit à chaque retour des portiques de jonction qui relient les deux enceintes des grands portiques. Les soixante coudées de *frontes* (ch. XL, v. 14) sont, en hauteur, la triple colonnade des étages des portiques, qui avec leurs planchers et terrasses s'élevaient, selon nous, à quatre-vingts coudées environ, et quatre-vingt-quinze, hauteur du Cénacle, aux tours des angles, aux jonctions des portiques, et au-dessus de leurs porches. Les murailles et les portes d'Ecbatane, au Livre de Judith (Vulgate et Septante), peuvent donner une idée de la façade de celles du Temple de Salomon.

Toutes ces mesures sont essentiellement inscrites, soit dans les relevés des livres historiques, soit dans le devis prophétique. Mais qui nous en donnera la clef? Nous l'avons dit : le plan inspiré lui-même.

III

La première pierre mesurée par la canne de l'ange offre un calame en hauteur et en largeur (Ézéch., ch. XL,

v. 6), et, d'après les *Codices Regius* et *Complutensis*, un calame en longueur. Aussitôt après, le mur (jambages de la porte) extérieur du porche oriental, et son mur intérieur du côté des parvis d'Israël, un calame d'épaisseur. Les trois loges de portiers, à droite et à gauche, offrent aussi un calame carré en dimensions, séparées par des « piliers à l'entour », *vestibula per gyrum* (c'est ainsi que l'hébreu *ulam* se traduit couramment : saint Jérôme, *Quæst. hebr. in Gen.*) de cinq coudées, parce qu'ils sont évidés sur deux faces, en fait, d'un calame toujours comme stylobates, et de vingt-cinq coudées de hauteur. Cette série de loges, soit symétrie obligée, soit motifs d'entre-colonnement, soit total des mesures, est terminée, de chaque côté, par deux demi-massifs d'un demi-calame, reliés aux murs. Il s'ensuit que le calame est la mesure de précision employée comme unité. D'autre part, ce porche compte cinquante coudées de long. En largeur, il en a vingt-cinq, d'un toit des chambres ou loges à l'autre toit, hors-d'œuvre : soit un calame de loges d'un côté, huit coudées, largeur du passage ou porche entre les colonnes frontales appliquées aux huits piliers, dix coudées avec ces colonnes (exactement, deux calames), et un autre calame de loges.

Or, le calame est spécifié, quant à sa valeur, dans notre texte (Ézéch., ch. xl, v. 5, et ch. xli, v. 8) : cette valeur est de six coudées, dans la coudée qui mesure un *tophach* en plus. Tel est le sens de l'original, des Septante, de la Paraphrase chaldaïque, reproduit pour les mesures de l'autel d'airain (ch. xlviii, v. 13), mais plus clairement traduit alors par saint Jérôme. Notre Vulgate, ici, sans le contredire, laisse ce sens indéterminé : *sex cubitis et palmo*. Villalpand et le P. Pailloux traduisent : « six coudées et un palme ou quart de coudée » (un quart au lieu d'un sixième, palme vrai), et démontrent, comme nous le ferons après eux, que tel est le chiffre du calame du Temple. Ce chiffre est exact, mais la traduction ne l'est pas, avouons-le franchement.

Il s'agit, en effet, on le reconnaît, de la coudée sacrée primitive, *mensura prima* (II Paralip., ch. III. v. 3), mosaïque et babylonienne ($0^m,525$), égale du reste à la coudée persique ou royale, sauf le fractionnement en doigts, trente au lieu de vingt-quatre. Mais le *tophach*, terme chaldéen (Gesenius), employé aussi dans l'Exode (ch. xxv, v. 25 ; ch. xxxviii, v. 12) et dans Ézéchiel (ch. xl, v. 43), n'est pas identique à *tephach* mot hébreu, qui partout est l'équivalent, palme grec ou persique, de quatre doigts (*cf.* Rois III, ch. vii, v. 26 ; Par. II, ch. iv, v. 5 ; Jér., ch. iii, v. 2), bien que confondu, dans la version vulgate de l'Exode, aux passages cités, avec *tophach* (Gesen.) Que si *tophach* peut être traduit par palme, babylonien de cinq doigts, ou persique de quatre doigts (mais non grec ou commun), les passages de l'Exode s'expliquent dans la Vulgate : mais alors, d'après l'habitude de l'Écriture, qu'ont suivie nos maîtres, la fraction, trois doigts, est exprimée par le nombre entier le plus proche. Car pour la mesure de la coudée sacrée, employé avec cette précision métrique *tophach* ne peut signifier qu'un excédent conventionnel : celui de la coudée sacrée sur la coudée commune, qui est de trois doigts, ou d'un dixième, d'après Hérodote (I, 178). L'historien parle, il est vrai, en contemporain, de la coudée royale, mais leur longueur coïncidait. Du reste, seuls trois doigts babyloniens fournissent un nombre entier pour le rapport des deux étalons de coudée, pour celui du calame grec (commun), inférieur au calame sacré de deux tiers de coudée (Gesen.), et pour le rapport des stades babyloniens (quatre cents coudées) au mille romain (dérivé du pied et de la coudée grecque) : sept et demi pour un, selon le Talmud (Buxt. *Lex.*, 2253 ; Lévy, *Dict. chald.*, II, 121), chiffre s'accordant avec les proportions quadruples de la parasange persique, trente stades (Her., II, 6).

Le calame du texte sacré mesure donc six coudées en principe ; et puisque la somme des coudées à obtenir, en longueur, est cinquante, nous aurons un reste égal à deux, en divisant cinquante par six. Mais l'unité de dimensions architecturales restant le calame, ce surplus doit être distribué en appoint de chacun des huit calames, d'autant que le plein des murs et le vide des chambres imposent nécessairement ce même espace du calame ou de ses multiples pour les entre-colonnements et les massifs régulateurs de toutes les autres parties des édifices. Donc, chacun des huit calames aura six coudées et un quart ; ce qui peut être exprimé dans l'équation suivante :

$$(6 \times 8) + \frac{8}{4} = 50; \quad \text{d'où}: (6 \times 8x) + \frac{8x}{4} = 50 \times \frac{2y}{2}.$$

Conséquences. — La largeur se trouve fixée naturellement à quatre calames ou vingt-cinq coudées.

Ce porche oriental devient le modèle obligé des deux autres porches d'Israël, et des trois porches des Prêtres semblablement et uniformément décrits, en style d'architecte, indiquant seulement la plupart des motifs déjà cotés et dessinés dans un membre symétrique : comme les différentes cours des parvis.

Bien plus, les porches faisant partie du système des portiques, dont ils sont l'amorce intermédiaire, l'épaisseur de leurs piliers et massifs de séparation, et l'espacement de leurs colonnes, une fois fixés, se reproduisent dans tout l'ensemble des portiques du Temple, sous peine de détruire l'équilibre élémentaire, et de violer toutes les règles de l'art de bâtir. Essayez cinquante autres combinaisons des piliers et des colonnes, vous échouerez contre les difficultés architecturales.

Partout, à chaque étage, au-dessus des portiques à trois allées, formés d'un mur, de deux rangées de colonnes libres, et d'une rangée de piliers, les colonnes libres seront, d'axe en axe, à la distance de deux calames; partout, les piles qui supportent les étages supérieurs, du côté des cours des parvis, et dans les portiques carrés, seront séparées par un calame. Les contreforts latéraux du Temple, à notre avis, suivent la même règle, en correspondance des portiques, bien que le P. Pailloux hésite à l'affirmer. Les corridors et les pièces divisées par des colonnes auront deux calames de largeur comme l'entrée du porche. Les escaliers à vis, pratiqués dans les blocs angulaires, ces pierres de « huit ou dix coudées » (Rois III, ch. vii) auront en diamètre six coudées et un quart, soit leur axe à un demi-calame de celui des colonnes : nous pourrions le démontrer si nous entrions dans plus de détails. Quant aux hauteurs, les mêmes proportions seront suivies. En séparation des étages, caissons des plafonds et planchers ensemble seront épais d'un calame; les chambres, à l'exemple des trois étages de cellules, s'élevant à la hauteur d'un calame chacune, autour de l'Édifice séparé, seront de même élevées d'un ou de plusieurs calames, suivant l'ordre des différents étages des bâtiments sacrés. Partout c'est l'unité, l'harmonie même.

Unité et harmonie divines, assurément, car les plans furent et restèrent divins : *scripta manu Domini... in visionibus Dei*; mais aussi, unité et harmonie accessibles à la science humaine, puisque nous sommes à même d'en vérifier tous les calculs, et de justifier, par leur application, jusqu'au dernier des chiffres de nos saintes Écritures. La clef du Temple, en un mot, est dans cette description du porche oriental, et le secret de ces mesures redoutables dans la transformation de l'unité sexagésimale en chiffres décimaux.

Et disons-le, comme nous le pensons avec une conviction profonde, le principe originel de toutes les sciences exactes, géométrales et mathématiques, depuis l'antiquité jusqu'à nos temps, gît dans cette dérivation du système décimal ou métrique (*metrios*, dit Hérodote de la coudée usuelle), par voie de fractionnement et de réduction du système sexagésimal, restant subordonné dans la création, l'ordre naturel et cosmique, et dans l'histoire à son devancier. Là est spécialement l'explication de toute l'architecture ancienne, comme du Temple de Salomon, son incomparable chef-d'œuvre.

Que nous dit M. Renan des mesures du Temple ? « L'édifice, en forme de rectangle, occupait l'espace actuel de la mosquée d'Omar. De tous les côtés, il était serré par d'autres constructions. » C'est-à-dire qu'il réduit la maison de Dieu au seul édifice du sanctuaire, sans rechercher ou sans dire si « ces autres constructions » ne faisaient pas, elles aussi, partie intégrante du Temple. Observons encore que le *Parvar* ou grand marché, faubourg de Jérusalem, la « Vorstadt », dit le docteur v. Riess, occupait précisément les abords du Temple, à l'ouest du portique des Gentils. Au lieu de n'être que « très peu en rapport avec la ville », comme Renan l'affirme, le Temple y touchait.

Il énumère le « vestibule formé par les antes, l'architrave, et deux grosses colonnes d'airain...; l'épaisseur du métal était de quatre doigts...; l'architrave... posait dessus »; sans s'expliquer davantage sur les chiffres que lui fournissaient l'un et l'autre récit biblique, largeur ou hauteur : c'est sommaire et peu risqué. De même pour la « cella » ou « hécal ». Le « débir » avait une hauteur, « ce semble, moindre que celle du hécal,... éclairé... on ne sait comment,... peut-être pas du tout »... Ni les « kéroubs », ni les trois étages de chambres, destinées aux prêtres, entourant, « dans presque toute sa hauteur, le mur extérieur de la cella » ne sont relevés en chiffres. Mais attendez, lecteur ! « Tout cet ensemble était entouré, au moins de trois côtés, d'une cour peu large, dont le pourtour » — c'est la fameuse enceinte du palais royal — « était marqué par trois rangs superposés de gros blocs équarris, sur lesquels posait un auvent en poutrelles de cèdre, procurant de l'ombre à l'intérieur. »

C'est ainsi que l'académicien joyeux interprète les trois ordres de pierre taillée, avec un ordre de bois de cèdre travaillé, pour chaque ordre de pierres (Rois III, ch. III, v. 12, et Esdras, I, ch. VI, v. 4), énumérés pour tous les portiques du Temple, soit de Salomon, soit de Zorobabel. Le simple bon sens du traducteur, outre les témoignages de Josèphe, des rabbins, de la saine exégèse catholique, suffit à faire entendre ces ordres de pierres et de bois de plusieurs étages surajoutés, avec le plancher *mænianum* (Esdras, III, VI, 25, document historique dans la question) propre à chacun d'eux. Pareille enceinte de trois rangs de pierres superposées, non ! jamais ce phénomène ne parut aux regards, pas plus que son couronnement de cèdres en auvent ! auvent plus exposé à la pluie que propre à ombrager l'intérieur de cette cour par une disposition originale !

Notons encore, à l'adresse de M. l'abbé Vigouroux surtout, copié par Renan, l'impossibilité d'élever, pour les soixante coudées (tout au moins) des portiques, et les cent vingt de la tour du Temple, une construction ou un pylône composé de trois fondations de pierres, et le reste en planches de cèdre. D'après les témoignages d'Esdras (Liv. I, ch. VI, vv. 3-4) et de Josèphe (Antiq., XI, 108), qui le portent à trois, ce seul ordre de bois, avec les trois ordres de pierre, interprété par l'historien juif, indique des étages avec leurs planchers respectifs. Et comment en faire de simples palissades, ou cloisons de bois, pour un tel édifice ?

Cette cour « peu large », et ainsi abritée contre les intempéries, « fut avec le temps réservée aux prêtres qui y avaient leurs demeures ». Comment le temps fit-il de cette marge de vingt coudées autour du sanctuaire un lieu d'habitation réservé aux prêtres ? Comment les prêtres et les lévites, qui se succédaient chaque semaine par mille ou douze cents, avec leurs familles, soit au moins trente-cinq mille personnes en comptant les autres serviteurs du Temple (témoins les listes volumineuses de la tradition juive et les renseignements de la liturgie consignés par elle), y trouvaient-ils place ?

M. Renan s'en inquiète aussi peu que de la suffisance d'une « seconde cour qui se forma plus tard pour les fidèles », ainsi qu' « un second portique extérieur ». Car, outre la singulière donnée qui fait surgir *ex machina* cours et portiques, avec leurs aménagements, laissés d'ailleurs dans un vague prudent, comment recevoir encore les multitudes, par dix mille et cinquante mille, qui remplissent le Temple d'Israël aux jours de ses solennités ? comment y installer toutes les institutions religieuses, juridiques, administratives et politiques même de la nation ? comment faire droit aux témoignages de l'histoire, nous montrant et les immenses approvisionnements du Temple, trésor de tous les impôts, comme des offrandes et des dîmes du peuple juif, et ses espaces ouverts à la cité entière qui s'y réfugie, avant le dernier siège, avec ses richesses, et les armées en occupant les diverses parties, ou trouvant à s'y dérober aux vainqueurs par la fuite? En réalité, M. Renan sépare, pour le besoin de sa cause, le « petit édifice » que l'on mit pourtant sept ans à bâtir, il en convient, et tout ce qui, l'entourant et faisant corps avec lui, constituait vraiment le Temple, *in portis castrorum Domini*, est-il dit au règne d'Ézéchias, comme à propos du tabernacle mosaïque.

C'est ainsi qu'on fait voir les « impossibilités » et les « contradictions » des chiffres de la Bible, dont « pas un seul n'est juste ».

On continue :

« La physionomie générale du Temple, au contraire, apparaît avec certitude. C'était un temple égyptien de moyennes dimensions... » Plus haut, il avait dit : « Jérusalem put rivaliser avec les villes égyptiennes et phéniciennes les plus brillantes... rien de très original... l'Égypte donna les modèles, Tyr... les tailleurs de pierre, architectes, ornemanistes, fondeurs de bronze... l'époque était bonne. Un style, sévère dans les ensembles, très élégant dans les détails, s'était formé en Phénicie, sous l'influence de l'art égyptien. Des murs lisses, très soignés, en formaient l'âme. Des revêtements de bois sculpté et doré, d'innombrables appliques d'airain, une vigoureuse polychromie, de riches tentures donnaient à ces constructions infiniment de grâce et de vie... » Ailleurs, à propos de Tyr : « L'île se couvrait de constructions imitées de l'Égypte... le temple... de Melkarth, comme son frère jumeau de Jérusalem. » De même pour les ouvriers : l'élément phénicien, selon Renan, dominait. Les colonnes, « œuvre supposée de Hiram, en tout cas tyrienne... c'étaient des colonnes égyptiennes, du galbe qu'on trouve au Ramesséum ». Il appelle le Saint, la « cella » égyptienne ; le « débir » est obscur comme « dans les temples égyptiens ». Il trouve dans les sculptures « des fleurs de lotus » ; les « kéroubs », à l'époque de Salomon, « étaient des sphinx, plus tard... des monstres assyriens ».

Nous n'avons pas craint la longueur de ces citations ; encore moins sommes-nous embarrassé pour réfuter les assertions systématiquement fausses qu'elles renferment.

IV

La question du style du Temple, qui se présente ici, appelle de notre part une double observation.

Nous ne suivons, pas plus que le P. Pailloux, Villalpand, qui eut la faiblesse d'orner le Temple dans le style grec et romain que lui suggéraient Vitruve et l'âge de « la renaissance ». Ce serait trancher contre toute raison, vu l'antériorité de l'art salomonien, inspirateur de la Grèce et des Ptolémées, comme nous le dirons, un problème dont la révélation nous a refusé les notions complètes et l'idée précise. Ce que nous ont conservé les Écritures, en effet, suffit seulement à nous montrer les différences des ornements sacrés d'avec les usages de la gentilité, leur concordance avec tout le culte prescrit à Moïse.

Les mêmes Écritures protestent, à toutes leurs pages, contre la théorie de l'imitation égyptienne, quant à l'idée inspiratrice du Temple. La tradition rabbinique, ici encore, leur fait écho. Demandez aux Juifs de tous les siècles de l'histoire, si leur Temple national, ce Temple si exclusivement réservé aux observateurs de la Loi, d'où sont éloignés à jamais les yeux et les pas des gentils profanes, put être imposé quant aux plans, et par suite nécessaire, quant à la destination de culte, par les adorateurs de Baal? Leur réponse vous donnera le plus formel démenti. Car c'est précisément de la Phénicie, et jadis des peuplades de Chanaan, comme de l'Égypte, terre de la pantolâtrie, qu'étaient sorties les pratiques abominables et les superstitions païennes, causes tant de fois des châtiments infligés à Israël. Dieu lui avait défendu toute alliance avec ces peuples, qui l'entraîneraient dans l'infidélité (Deut., ch. VII, vv. 1-6). Le peuple, cependant, sacrifiait sur les hauts lieux, à l'époque où fut bâti le Temple, et jusqu'au temps de la captivité, du moins en exceptant les règnes d'Ézéchias et de Josias, par exemple, qui détruisirent les idoles (Rois IV, ch. XVIII, v. 4, et ch. XXXIII, vv. 19-20); qu'en conclurez-vous? Que l'idolâtrie resta, même alors, l'iniquité d'Israël, trop souvent égaré par ses princes, et par Salomon lui-même au déclin de son règne. Mais Dieu ne se proposa-t-il pas expressément de ramener ce peuple à sa Loi sainte, à l'observation de sa mission providentielle : garder les promesses divines du Messie et les annales sacrées du monde, avec sa parole éternelle, en se faisant élever au milieu d'eux une demeure qui en fût le mémorial durable? N'est-ce pas ce qu'Ézéchiel fut chargé de lui rappeler dans l'exil, par ordre d'en haut?

A la suite de cette théorie toute rationaliste, nous trouvons celle des caractères prétendus de filiation ou d'affinité entre les monuments de l'Égypte et l'architecture salomonienne.

C'est à regret que nous rencontrons ici, dans les rangs de nos adversaires, des écrivains catholiques, même de ceux qui ont sur d'autres points victorieusement réfuté Renan et les tenants de sa fausse science. Soit influence du principe même de cette imitation profane qu'ils ont subie, soit irréflexion et légèreté, ils n'ont pas compris, les uns, que dans une question tout entière du ressort de l'Écriture sainte les textes de la Bible doivent passer les premiers; ils se sont laissé imposer, les autres, avec les premiers, telle affirmation de leurs amis, orientalistes très aventureux, incompétents comme critiques d'une matière qu'ils n'entendaient pas.

De plus, on a voulu trouver dans les écrits de l'historien Josèphe, écrits offrant plus d'une trace d'altération par des mains hostiles à la vérité et aux traditions religieuses, et d'ailleurs justement soupçonnés de partialité pour certains maîtres, une description d'un nouveau Temple bâti par Hérode. C'est celui que reproduit M. de Vogüé (*Temple de Jérusalem*); et soit M. l'abbé Vigouroux (qui a peut-être modifié son chapitre de *La Bible et les Découvertes modernes*), soit le sophiste Renan, qui le leur emprunte sans mot dire, acceptent ces données informes, dont la responsabilité, à vrai dire, remonte aussi, par l'Anglais Lightfoot, aux rêveries les plus invraisemblables de la Mischnah. Toutefois,

M. Renan prend soin de ne donner aucun chiffre, nous l'avons vu.

Ces théories libres ont fait l'objet d'une réfutation en règle par l'auteur de la *Monographie du Temple de Salomon*. Le P. Pailloux, que nous suivrons en fidèle disciple, nous donne tous les arguments qui les détruisent de fond en comble. — Déjà, cependant, l'exposé des plans véritables du Temple, retracés à nos lecteurs, leur permettrait, en regard des plans égyptiens, de prononcer où est la vérité : du côté qui affirme, ou du côté qui nie toute ressemblance caractéristique et individuelle entre ces modèles. Nous devons le reprendre de plus haut encore.

Renan va plus loin que la thèse protestante de Spencer et de Marsham, qui fait Dieu lui-même initiateur ou dépendant de l'imitation des rites païens, car il ne tient compte d'aucune injonction faite par Dieu pour l'édification de son Temple. Mais au fond, plagiaire selon son habitude, il s'appuie sur cet emprunt fait aux temples et aux rites idolâtriques, car il laisse dériver de cette origine soit la distribution, soit la décoration complète des édifices. Nous répondons.

Le type original du Temple fut la Jérusalem des cieux, dont les plans, tracés avant la création, s'exécutent jusqu'à la fin des temps par ses ouvriers, qui sont les anges et les hommes. En effet, dans l'ordre logique, la fin précède les moyens ; et le Verbe de Dieu eut pour but dans l'Incarnation de composer de tous ses élus son Église, dont il se ferait, — en outre de son corps de chair, — un autre corps, réel aussi, que nous appelons son corps mystique, à l'image et ressemblance de son corps naturel qu'il appelle lui-même un Temple : *Solvite Templum hoc...* Puisque son corps naturel fut un Temple, son corps mystique, ou son Église, dut être un Temple aussi. Corps, nous sommes prédestinés à en former les membres; Temple, à en être les pierres. Or, le Temple, comme le Tabernacle, ne pouvait être que la figure de ce même corps, de ce même Temple, que l'Égypte ne pouvait certes connaître!

Puisque nous avons parlé du Tabernacle, notons cette contradiction des partisans de l'imitation égyptienne : ils prétendent que son modèle fut emprunté à l'Égypte aussi; mais, selon eux, le sanctuaire comprenant là le pronaos, le naos et l'adyton, avec une ceinture de chambres, comment le Tabernacle n'offre-t-il que deux compartiments, le naos et l'adyton? Que s'ils modifient la « formule », le Temple du Moria, à son tour, ne peut plus être comparé, d'après eux, aux temples de Mesraïm.

La ressemblance avec le temple égyptien, soit du Tabernacle, soit du Temple, se réduit à une ressemblance générale de destination, non d'imitation. Un sanctuaire ressemble à tous les sanctuaires du monde. De même de l'Arche sacrée d'alliance, par rapport à la Barque égyptienne; de même du grand prêtre, du rational comparé au pectoral égyptien (l'un emblème sacré, doué par Dieu même d'une vertu sacramentelle et prophétique, en dépit des blasphèmes de Renan : l'autre simple insigne funéraire); de même des sacrifices, de la table des pains de proposition : ressemblances génériques et différences spécifiques, comme tout ce qui est d'ordre universel. Le sang des animaux inondait les autels chez tous les peuples; d'autre part, Israël immolait ce que l'Égypte adorait; Israël tenait pour immonde et bannissait de son culte comme une profanation ce que l'Égypte immolait. De même du chérubin génésiaque, contrefait par le génie ailé des cultes antiques, soit en Égypte, soit à Babylone et à Chorsabad : tradition primitive universelle sur les relations des existences immatérielles avec celle de notre humanité; sa source biblique est restée pure, comme les symboles des animaux mystérieux, déjà contemporains du culte mosaïque; mais les écoulements, variés à l'infini, en furent troublés par le paganisme. Ignorance, ici encore, c'est mauvaise foi.

Une autre contradiction où tombent certains adeptes de l'imitation égyptienne, c'est d'attribuer à son influence sur le Temple de Jérusalem deux causes qui se neutralisent : d'une part, la ressemblance avec le Tabernacle, qui eut un plan égyptien; d'autre part, l'école et la main-d'œuvre tyriennes, qui imposèrent les règles de l'art de l'Égypte : pas n'était besoin de cette dernière, puisque le plan s'imposait déjà.

Venons à l'imitation matérielle des plans de l'Égypte qu'on se serait proposée à Jérusalem.

Nous l'avons montré : de certains usages communs, soit naturels, soit issus d'une révélation primitive, soit mixtes (tels que la circoncision, d'abord précaution d'hygiène, élevée à la dignité de sacrement légal, comme signe de l'alliance avec Dieu), on ne saurait conclure légitimement à une imitation. On le peut bien moins s'il s'agit du peuple juif, que Dieu sépara formellement, sous des menaces terribles, des corruptions du polythéisme, et qui d'ailleurs, par ses grands hommes, Joseph, Moïse, David, Salomon, prouva qu'il était capable de toutes les initiatives qu'on lui conteste; comme, depuis sa dispersion, jamais ce peuple « à tête dure » n'a fondu sa nationalité avec aucun autre peuple du monde.

Il faudrait donc, pour résoudre notre question, connaître et comparer les deux temples en totalité, attribuer au temple modèle ses caractères nationaux et distinctifs, en démontrer la reproduction exacte par le Temple qu'on donne pour en être l'imitation, s'assurer de l'antériorité du temple imité sur le temple imitateur.

Incontestables, ces conditions sont pourtant négligées par plus d'un savant, M. de Saulcy, entre autres (*Art judaïque*), un des plus affirmatifs. Si l'on dit avec lui que le temple égyptien avait un pronaos plaqué contre le naos et double de la hauteur de ce dernier, nous répondons qu'il n'existe pas un seul temple en Égypte avec pylône formant sa façade propre : une ou plusieurs cours les séparent.

Si, avec M. de Vogüé, on prétend que les trois parties principales, pylône, Saint et Saint des saints, et une quatrième accessoire, la ceinture de chambres latérales, se retrouvent dans les temples de Khons, à Karnac, de Louqsor, de Dendérah, auxquels on pourrait ajouter ceux d'Edfou, d'Abydos et de Karnac, nous prouvons, par la seule comparaison des plans de ces temples, que les grands édifices ont tous plus de deux compartiments, sans compter le vestibule; et les petits, un ou deux compartiments sans aucun vestibule; que tel temple n'a qu'un sanctuaire, tel autre trois de front, et tel autre jusqu'à sept. Là où se rencontre la « ceinture de chambres », comme à Dendérah, il n'y a ni pylône, ni vestibule ; et ces chambres ouvrent sur le sanctuaire, tandis que celles de Salomon n'offrent aucune communication avec lui.

Outre qu'il faudrait comparer sanctuaire à sanctuaire, parvis à parvis, portique à portique, à ce compte, toute construction religieuse, ou habitation honnête, ayant un vestibule, une pièce commune, une cuisine et des chambres, possèderait excellemment les caractéristiques du temple égyptien !

Strabon, comparant le temple grec et le temple égyptien, décrit ainsi ce dernier : Téménos, enceinte sacrée,... avenue de sphinx ou Dromos,... plusieurs propylées à portiques, une cour et le Naos ou temple, se composant du pronaos ou salle hypostyle avec les ptères ou ailes des murs qui l'entourent et se rattachent au sécos ou sanctuaire ; ce pronaos est souvent répété derrière le sécos (flanqué lui-même de quelques chambres), comme l'opisthodome des Grecs. — Ni pylône plaqué contre le naos, ni vestibule propre à celui-ci, ni ceinture de chambres tout autour ; exemple : le temple de Khons (Perrot et Chipiez, *Histoire de l'art dans l'antiquité*, tome Ier, Égypte).

Que fut donc ce temple égyptien ? Chacun le sait : panthéon et ménagerie tout ensemble ; car la luzerne et le bœuf, le serpent et l'ibis, le crocodile et le monarque, dont volontiers il ne ferait qu'une bouchée, y avaient leurs autels. Or, tels dieux, tels temples : jugez donc de la convenance des édifices auxquels ce culte traça leurs dispositions! Ce fut le culte avéré de la bête, travestissement satanique et fastueux, mais insensé comme le génie tombé du mal, du type imprimé au monde par le Verbe en voie de revêtir notre humanité. Les prétendus emblèmes de la divinité qu'on a cru y trouver n'avaient pour but que de la masquer. Le masque seul resta objet d'adoration, et les temples ne durent guère aboutir qu'à de mystérieuses grottes ou de splendides étables, car le temple revêt le caractère de l'hôte qu'on y adore.

Confusion matérielle aussi, et excentricité, on peut dire mathématique, la plus désobligeante. Les groupes importants, entrepris sans plans d'ensemble, qu'il s'agisse de Karnac, de Dendérah, ou de Philœ, sur les deux rives du Nil, n'offrent à l'observateur qu'un enchevêtrement d'édifices dont la disposition, l'orientation, l'alignement et les communications brisent avec toutes les lois de l'architecture ordonnée et régulière. L'allée de sphinx de Karnac est oblique à l'axe du groupe de Louqsor qu'elle rejoint : à Karnac même, onze temples se tournant le dos, entrecroisant leurs colonnades; ailleurs, même incohérence; le tout au gré des princes qui en firent partiellement commencer et continuer les travaux. D'ailleurs, le défaut d'unité morale en est peut-être la meilleure explication.

À Jérusalem, au contraire, cette unité morale resplendit et préside à l'unité matérielle. Au lieu d'un sanctuaire rélégué, là, loin des regards, à l'extrémité d'un vaste champ de manœuvres, le dromos égyptien, série opulente et grandiose seulement de pylônes, de cours, de portiques, de salles et d'obélisques, où les cortèges royaux entraînent les foules ; c'est, ici, autour du point central de tous les bâtimens sacrés, de l'autel des holocaustes, que conflue des quatre vents la multitude des adorateurs. Ici encore, sous des portiques non moins somptueux, un peuple entier trouve une place toute prête au milieu des parvis immenses où il s'établit, où il demeure, d'où il contemple avec respect les cérémonies saintes et la gloire de Jéhovah : image du ciel et du béatique repos au sein de Dieu dans l'éternité. Le Temple est le centre de la vie religieuse pour toute une nation qui préfère un jour passé dans les parvis du Seigneur à mille ans dans les palais des rois.

Idée plus spécialement divine et diamétralement opposée à celle de l'autre temple. Les peuples primitifs en altérèrent l'inspiration, qui donna naissance aux temples de l'humanité, comme la révélation du sacrifice aux autels et aux cultes. Le type divin de la Jérusalem céleste, ils en furent les continuateurs, et presque toujours les faussaires, là où Dieu ne maintint pas son inspiration, comme au Sinaï, comme au Moria, comme dans l'Église, comme au Ciel.

Dès le principe des choses, en effet, dès le temps des patriarches, le Verbe imprimait son image au monde, y gravant sur la pierre la figure du corps qu'il devait revêtir pour en faire la forme de son Église. Aussi la gravitation concentrique, pour ainsi dire, des parties du Temple qu'il traça reflète-t-elle l'organisation quasi vitale d'un corps animé, comme l'âme, dans l'homme, se réfléchit sur le corps, dont l'organisme se conforme à elle, son principe d'unité, d'action et d'harmonie, tête de sa tête, cœur de son cœur, œil de ses yeux, sens de ses sens. Ainsi de l'organisation du Temple. Corps, chef et cœur du Christ, pierre angulaire, souverain prêtre et victime, à cette image naissait et s'élevait le Temple, se dressait l'autel ; les parvis destinés au peuple d'Israël, leurs sublimes portiques complétaient ces opérations du sacerdoce, en vue du sacrifice, par le spectacle et la participation multiple de ce sacrifice et des gloires du Temple ; et ce développement naturel des membres du Christ s'étendait extérieurement, par attraction et bientôt assimilation, jusqu'au parvis des Gentils.

Nous pouvons d'ailleurs signaler des différences, au lieu de ressemblances, entre les deux Temples.

Ce sont, notamment, les murs d'enceinte : ici, en briques crues ; là, formés du môle colossal des soubassements, couronné, sur ses quatre faces égales, d'un portique monumental à trois rangées de colonnes ; les portiques à plusieurs étages sur le Moria, et à plusieurs allées entre les colonnades, sans salles hypostyles ; l'absence de propylées, de pylônes : simples baies ouvertes dans l'épaisseur d'un mur, sans appartements ni vestibule en Égypte, au contraire du vestibule véritable donnant accès au sanctuaire, et flanqué de deux colonnes, à Jérusalem ; les monolithes employés pour les fûts de colonnes salomoniens, et les demi-colonnes appliquées aux façades extérieures, remplacées sur le Nil par les hiéroglyphes ; enfin les fenêtres, presque totalement absentes du temple égyptien, tandis que le

Saint en avait dans celui de Salomon, non moins que tous les édifices sacrés.

Quant aux colonnes d'airain, la réponse est plus facile encore. Nous la résumons en deux remarques.

Le fût de la colonne salomonienne avait plus ou moins les proportions du fût de la colonne égyptienne; car l'habitude, les matériaux utilisés, le mode de construction suivi alors, imposaient les mêmes proportions de colonne aux nations des contrées orientales, les premières civilisées du monde. Usage commun, et non imitation.

Le chapiteau d'airain ressemble à certains chapiteaux multipliés à profusion en Égypte. Nous n'en disconvenons pas. Oui, il y eut imitation; mais à qui appartient la priorité?

Les temples égyptiens de l'époque antérieure à Salomon sont caractérisés par des colonnes, de tous diamètres, avec chapiteaux en forme de lotus épanoui ou de bouton tronqué. Ceux de la seconde époque, postérieure, et de longs siècles, à Salomon, offrent des chapiteaux revêtus de palmes, reproduisant les branchages et treillis indiqués par nos saintes Écritures. Une date : Karnac, bâti ou réparé par Thoutmès II, Ramsès II et Sésac, de 1600 à 900 avant l'ère chrétienne : dernier de l'ancienne époque.

Or, vers l'an 285 seulement, monta sur le trône Ptolémée Philadelphe II, qui fit exécuter pour sa bibliothèque d'Alexandrie la traduction des Livres sacrés d'Israël en grec. Il envoya, en reconnaissance du travail des Septante interprètes, au prince des prêtres, des vases d'or ciselé, reproduction exacte, nous dit Josèphe, des descriptions faites aux Livres des Rois et des Paralipomènes. Et sur ces entrefaites, le même prince se fit le fondateur du temple célèbre de Philœ, où l'on vit apparaître pour la première fois dans la vallée du Nil le chapiteau palmé en forme de lis, les plantes et les feuilles nouvelles tressées, inconnues au ciseau indigène, qui étaient l'ornement du temple de Jérusalem et l'emblème favori des prospérités d'Israël! Ce fut donc l'Égypte qui imita.

Le temple construit par Onias en Égypte même, sous Ptolémée Philométor, était, nous assure Josèphe, « semblable en tout au temple de Salomon, moins la grandeur et la richesse ».

Nous ignorons absolument si l'école de Tyr s'inspira de l'architecture égyptienne; nous ne savons pas davantage si Hiram était architecte ou s'il en remplit les fonctions en sous-ordre; mais c'est une énormité de supposer qu'il dicta, de son chef, le plan du Temple au roi d'Israël; la nationalité étrangère surtout ne saurait expliquer une telle influence. Quant aux ouvriers, ce semble, en faible minorité, eux aussi, étrangers (puisque David en avait formé deux cent mille) : ciseleurs, sculpteurs, peintres, tyriens peut-être. Mais à l'artiste on trace un modèle, un emblème, on lui fait une maquette, et son ciseau, qui peut avoir un dialecte, non un style propre, reproduit aveuglément le modèle, sans même s'informer de la destination. A coup sûr, la révélation divine y avait pourvu, sans avoir à emprunter à l'idolâtrie. Moins que nous, M. Renan est en droit de suppléer à son silence. Et s'il tient à citer les ornements du sanctuaire décrits par les Livres historiques, nous avons prouvé que leur provenance n'était pas plus égyptienne que celle des plans du Temple.

V

Reste le prétendu temple d'Hérode, dont Renan s'est évidemment inspiré, tout en méprisant les architectes modernes, et parmi eux M. le comte de Vogüé.

Comme pour la question d'imitation égyptienne, nous empruntons les arguments mêmes du P. Pailloux (*Monographie*, ch. IV, XX-XXIII).

Quels plans M. de Vogüé trace-t-il du Temple?

Selon lui, les soubassements des édifices sacrés seraient les murs d'enceinte actuels du Haram-ech-Chérif, monumentaux, mais grossièrement alignés, formant un rectangle trapézoïdal irrégulier. Réparés par Hérode, ces murs étaient couronnés du portique des Gentils, galerie à double ou triple couloir, entre deux ou trois rangées de colonnes, sauf à la face Sud, qui en avait quatre rangées; portique subissant les mêmes ressauts et les brisures du périmètre, avec des portes en certains points souterraines, vu les niveaux différents du sol.

A l'intérieur de ce vaste emplacement, une roche désignée seulement par les traditions cabalistiques (peut-être l'ancienne aire d'Oornan le Jébuséen), en dehors de tout centre d'équilibre, lui paraît être l'endroit où s'élève le sanctuaire très saint, le Temple proprement dit. Dimensions et proportions, en plan par terre, à peu près conformes à celles de nos saints Livres, en modifiant la tour frontale, large de moins et haute de plus de cent coudées, et en surélevant le Temple de la hauteur du cénacle, qui l'amène, en outre du chiffre de soixante coudées, pris d'Esdras (liv. Ier, ch. vi, v. 3) et de Josèphe, et d'après ce dernier encore, à quatre-vingt-dix ou cent coudées. Vestibule, Saint et Saint des Saints, chambres latérales s'y trouvent, mais les colonnes d'airain devraient être à l'intérieur de la porte du vestibule, et la Bible leur donne trente coudées, au lieu de dix-huit, l'élévation, base et chapiteau compris.

Un parvis des Prêtres limité par des salles consistant en un rez-de-chaussée, en guise de portiques, où s'ouvrent neuf portes, accosté d'un microscopique parvis d'Israël de onze coudées! qui précède la cour des femmes, semblablement entourée de salles : c'est le portique intérieur. L'ensemble est clôturé par un mur percé d'une porte faisant suite aux deux premières : la porte des Prêtres et la porte de Corinthe ou d'airain. Puis la marge sacrée « Hel », enfermant un autre parvis sans nom ; et au dehors, l'immense encadrement, toujours irrégulier, du parvis des Gentils et de son portique.

Pour une semblable disposition, l'archéologie ne fournit à M. de Vogüé que des pans de mur retouchés par Hérode probablement, selon lui, mélangés de romain, de juif et de grec byzantin revenant à l'époque justinienne, comme les portes Double et Triple, et la porte Dorée des soubassements ; enfin des réparations grossières, soit turques ou arabes : rien de plus. Ni fondations, ni vestiges salomoniens, car les terrains exhaussés, et les substructions dominaient le roc, qui aujourd'hui « affleure partout ».

Ce temple, qui est, d'après M. de Vogüé, une reconstruction, reproduisait en partie le temple de Salomon, dont l'auteur ne traite qu'incidemment, en le « maltraitant ». Car il se constitue juge des données tirées des Écritures par Josèphe lui-même, et ne discerne pas, dans les écrits de l'historien juif, les témoignages de l'antiquité en faveur du temple salomonien, ni le sens souvent obscur des descriptions relatives aux restaurations d'Hérode.

Les écrits de Josèphe renferment un double précis historique en contradiction avec l'esquisse de ces plans modernes. Nous en donnerons quelques preuves, faisant observer d'avance que Josèphe mérite une confiance tout autre lorsqu'il reproduit, avec les chiffres universellement connus de la Bible, les traditions non moins universelles et pures alors touchant le temple de Salomon, que lorsqu'il décrit de mémoire, sans aucune notion d'architecture, le temple d'Hérode, dans le but avoué de flatter les Romains ou leurs créatures.

Quant à l'organisation du Temple, Josèphe, en trois passages, négligés par M. de Vogüé (*Antiq. jud.*, III, 3; XV, 11; II, 9), affirme que Salomon construisit les trois enceintes du Temple, un double portique extérieur, le Temple en son entier : *sumpan ierôn*. On préfère citer celui (*B. j.*, V, 5) où il morcelle les travaux du vieux Temple commencé par Salomon, achevé par ses succescurs et par le peuple, après des siècles; quoique, là même, Josèphe reconnaisse trois enceintes de portiques du Temple.

M. de Vogüé n'en admet que deux, la plus intérieure seule achevée par Salomon. Il dit de plus que le Temple avait un plan égyptien (nous avons assez réfuté cette assertion); que pylône, Saint, Saint des Saints, et chambres latérales, sont en rapport de « décroissances proportionnelles »; que le *tres ordines lapidum* s'entend de trois rangées parallèles de pierres quadrangulaires, « disposition très fréquente dans toute antiquité » ! sans aucun exemple, il est vrai; que les six coudées de mur d'Ézéchiel résultent — le croirait-on ? — de la juxtaposition de trois pierres, de deux coudées chacune ! ni plus, ni moins ! il l'affirme...

Les « décroissances proportionnelles », si on les admet entre soixante, trente, et vingt, sont malheureusement impossibles entre les chiffres, pris hors-d'œuvre, avec les planchers et parapets, de soixante-sept au moins, trente-sept, et vingt-deux coudées, pour la tour, le Saint, et l'Oracle (d'après M. de Vogüé), et les chambres latérales ne s'y prêtent pas. En Égypte cette décroissance est masquée par un mur continu, et on y observe la gradation ascensionnelle du sol. Enfin l'assertion de M. de Saulcy (*Art judaïque*), répétée par M. de Vogüé son ami, qui fait à Josèphe le reproche de doubler toutes les hauteurs, en assignant un chiffre « absurde », cent vingt coudées, au vestibule du Temple, est aussi gratuite que l'attribution supposée de soixante coudées aux fondations, et de soixante coudées au Temple, par le même Josèphe, qui entend « l'édifice supérieur » du Cénacle, et lui donne (à tort) une élévation égale à celle de la tour Frontale, dont le chiffre, cent vingt coudées, taxé d'absurde, est celui des Paralipomènes !

Hérode est-il l'auteur d'un agrandissement du Temple, comprenant la partie sud de l'esplanade du Moria ? On se croit en droit de le dire, d'après la description de l'historien Josèphe. Nous répondons :

Que les deux mille quatre cents coudées, acceptées pour l'enceinte salomonienne par M. de Vogüé, parfont les six stades attribués par Josèphe à l'enceinte hérodienne, sans le prolongement Sud ;

Que Josèphe, attribuant à chaque côté du carré des portiques d'Israël quatre cents coudées ou un stade, chiffre talmudique, mais pris dans œuvre, au lieu de cinq cents coudées avec les portiques, et comparant ce chiffre mal compris avec le développement périmétrique de six stades, en conclut logiquement, mais faussement, à l'agrandissement double de la plate-forme salomonienne ; d'autant que l'Antonia occupait seulement la place de la tour Baris, dans la même enceinte, bâtie par Salomon ;

Que si le portique Sud, dit d'Hérode, fut reculé pour agrandir l'enceinte, il n'était pas besoin de l'Antonia pour amener son chiffre à six stades, qu'elle dépassait ;

Que les terrains au sud du Temple, compris dans les grands murs des soubassements, sans l'être dans le carré des portiques réguliers, avaient été de tout temps la propriété, soit des rois après Salomon, jusqu'à la captivité, soit du Temple ensuite; et qu'à l'époque d'Hérode même ils étaient occupés par le Gynécée ou Institution des dames israélites destinées à l'entretien des ornements et des vases sacrés, et à l'éducation des jeunes filles issues des princes d'Israël (Tobler, Quaresmius, P. Bonifacio, etc.).

Quant au parvis des Gentils et à son portique, Josèphe les a confondus avec le portique et le parvis extérieur d'Ézéchiel, c'est-à-dire les portiques d'Israël, comme il attribue à ceux-ci la dénomination de parvis et portique intérieur, réservée au Parvis des prêtres et à son portique; et ce dernier, Josèphe l'appelle intime, ou plus intérieur. D'où les équivoques continuelles de ses descriptions et de ses plans.

La cause de son erreur est, d'une part, d'avoir attribué au parvis d'Israël les trois ailes des portiques des Prêtres qui s'élevaient au même niveau que ce parvis, et d'autre part, dans le silence des Livres saints sur le portique des Gentils, d'avoir pris pour ce dernier les portiques d'Israël eux-mêmes, et dans leur nombre le fameux portique Sud ou Royal, attribué à Hérode. Or, ce dernier portique, amalgamé des deux enceintes, est pourtant reconnu par Josèphe comme carré concentrique à un portique intérieur : « la seconde (enceinte) placée au milieu et carrée...., à un faible intervalle... » sans distinguer une façade d'une autre. Mais il donn cinq cents coudées à ce portique d'Hérode, soit quatre cents en prélevant les marges des deux côtés, cinquante coudées, parvis et portique des Gentils, selon Josèphe; dès lors, comment y inscrire les cinq cents coudées, dimension réelle hors d'œuvre des portiques d'Israël? longueur de cinq cents coudées qu'atteint péniblement le côté sud du trapèze turc, si nous reculons jusqu'à sa limite extrême, avec M. de Vogüé, le portique dit d'Hérode. Sans compter les différences de hauteur et largeur, du calibre des colonnes, et de leur espacement, non moins que le nombre des couloirs qui rend toute jonction angulaire avec les faces est et ouest du portique des Gentils impossible, même au moyen des tours qui en reproduiront fatalement la difformité de figure.

Le portique Royal ne fit donc jamais partie du portique des Gentils. Josèphe le confondit avec l'aile méridionale des portiques d'Israël, absolument comme il fit honneur au portique des Gentils du portique de Salomon, ou aile orientale des mêmes portiques, tout en précisant qu'il était construit sur un terrassement intérieur plus élevé. D'ailleurs ce sont six cents coudées que réclamerait la façade sud du portique des Gentils; et les mesures relevées par Josèphe dans le fameux portique d'Hérode se trouvent coïncider presque merveilleusement avec le côté du portique d'Israël, en ajoutant deux colonnes, et réformant l'espacement des autres.

M. de Vogüé, qui attribue au terme *Basilica* de la Vulgate un sens tout moderne, réduit à une seule aile de colonnades le portique de Salomon, et croit ainsi traduire la Bible. Mais il paraît ignorer que « dans toute l'antiquité » *basilica* présente l'acception précise de « parvis entouré de portiques », acception connue et certainement visée par saint Jérôme, comme elle fut en-

4

tendue par l'auteur juif; ce qui contribue encore à lui donner le change sur la distribution des parvis et portiques intérieurs, en désaccord complet avec Josèphe.

Il fait du chemin de ronde des rabbins, de dix coudées, un vaste parvis irrégulier de forme carrée, sans nom ; et son mur de quarante coudées, qui devrait le délimiter, d'après Josèphe (*Bell. jud.*, v, 5), est refoulé à l'intérieur pour clore d'autres parvis rectangulaires.

Il accumule dans cette seconde enceinte la cour des Femmes, le parvis d'Israël et le parvis des Prêtres, et ouvre dans les portiques de ces trois parvis ainsi réduits les neuf portes mentionnées par Josèphe avec une confusion remarquable, qu'il nous est possible cependant de démêler, en comparant de près tous ses textes. Disons seulement ici : la dixième porte n'était pas celle qui faisait communiquer la cour des Femmes avec celle des Israélites, puisque cette dixième porte « d'airain » ou de Corinthe était placée sur un terrassement inférieur à celui de la Grande Porte d'or et d'argent, faisant, d'ailleurs, celle-ci, partie de l'enceinte intérieure des parvis sacrés, tandis que l'autre était « en dehors » non seulement des portiques réservés spécialement aux ministères sacrés et confondus avec ceux d'Israël par M. de Vogüé, mais encore, selon Josèphe, du temple tout entier, *néôs* : c'était la porte orientale des portiques d'Israël.

Les cours des Femmes, dans le temple salomonien, étaient, au nombre de trois, celles du milieu des façades, répondant aux porches des entrées, mais cependant communes aux femmes et aux hommes. Ces derniers avaient la jouissance exclusivement réservée des quatre cours des angles, sur les sept formant les parvis d'Israël, sans autres séparations que celles des portiques intermédiaires.

Quant aux porches, leur forme architecturale, non moins que celle des exèdres, sur les portiques, les flanquant à droite et à gauche, d'après Josèphe, répond à celle des plans d'Ézéchiel, sauf de légères différences venant des mesures, prises hors d'œuvre ou dans œuvre de part et d'autre.

M. de Vogüé ne doit pas, néanmoins, s'en autoriser pour encombrer leur vestibule de deux lourdes colonnes, de douze coudées de circonférence, formant quatre entrées au lieu de deux, ni pour supprimer les loges des portiers. En outre, tant à cause de leur défaut de correspondance avec l'axe du Temple et des parvis, tels qu'il les conçoit, qu'en raison des exèdres, « hauts et larges comme des tours », dit Josèphe, ces portes ne sauraient être les portes modernes du Haram, gauchement introduites, voire souterraines! dans l'enceinte dont il ose faire, avec ces portes, l'enceinte de Salomon, ou même d'Hérode!

Avec un espace aussi odieusement restreint, soit pour le développement des portes autour du périmètre de ces portiques hérodiens qu'elles absorberaient, soit pour renfermer les multitudes d'Israël, dans une cour de cent quarante coudées sur onze, avec neuf portes s'y ouvrant, tandis que le plan divin exécuté par Salomon en imposait juste autant aux trois enceintes réunies, soit pour contenir aussi et les provisions du Temple et les familles sacerdotales ; dans de telles conditions, le peuple de Dieu n'eût eu qu'un seul local, mêlé aux païens eux-mêmes et aux impurs, d'où il pût assister, de loin, aux cérémonies qui lui cachaient les murs du Temple : c'est-à-dire le portique et le parvis des Gentils. Et c'est dans ce même espace, accessible aux étrangers et aux infidèles, qu'il eût reçu de l'estrade du Prince ou du Prophète, placée dans l'aile orientale du même portique, appelé à tort portique de Salomon, les secrets du gouvernement, et les enseignements des mystères de la religion !

Le nombre des portes, tel qu'il résulte de l'examen des divers passages de Josèphe, est de dix, dont trois pour chaque enceinte des Gentils, d'Israël et des Prêtres ; une dernière, à l'ouest de la première enceinte est négligée (*Ant.*, xv, 11 ; viii, 4 ; *Bell. jud.*, v, 5 ; *cont. Ap.*, ii). Il les accumule en apparence, il est vrai, dans une seule enceinte, mais en désignant suffisamment, par ses descriptions, une porte qui faisait partie de chacune de ces enceintes, et distincte des deux autres : les portes Orientale extérieure, d'Airain, et la Grande Porte ; de plus, il leur applique la notion de « diastase » ou disposition sur le même axe, s'ouvrant à travers des périboles concentriques.

Pour les étages existant au-dessus des portiques, l'histoire des nombreux sièges du Temple et la tradition universelle nous apportent leur témoignage ; de même pour les agrandissements de la plate-forme du Moria, de l'Est à l'Ouest, par les travaux du Royal Architecte.

L'auteur du *Temple de Jérusalem* ne respecte pas davantage, dans la reconstruction d'Hérode, « les prescriptions hiératiques » du Temple, relatives à la forme du Saint des saints, et aux aménagements du sanctuaire, malgré Josèphe toujours! Car Hérode lui-même ne put modifier la plus inviolable des prescriptions du culte, qui faisait du Saint des saints un cube parfait de vingt coudées, fermé à tout autre jour qu'à celui du feu sacré, impénétrable à tout autre qu'au grand prêtre : cube inséré dans le récit des Écritures, après la description, répétée par Joseph, des soixante coudées renfermant le Saint et le compartiment réservé au Saint des saints, qui fut séparé du premier par un mur devant lequel retombait le voile. M. de Vogüé leur donne ensemble une hauteur de soixante coudées, sur soixante-cinq de longueur et trente de largeur, et aux chambres de ceinture une largeur de quinze coudées, dans son Temple d'Hérode.

Créature de l'empereur, Hérode, devant qui, par flatterie pour ses maîtres, Josèphe réduit à la taille de pygmées Salomon et Zorobabel, ne put que restaurer, réparer le Temple. Comme sanctuaire d'Israël, et figure de l'Église, ses plans, remis par Dieu à David, ne pouvaient être retouchés sans profanation; seul il avait aussi la promesse faite par Aggée de la venue du Désiré des nations.

Hérode, malgré les affirmations intéressées et contradictoires de Josèphe, ne reconstruisit pas intégralement le Temple : les quarante-six années employées à le bâtir, que les Juifs objectent au Sauveur, leur parlant de la réédification du Temple de son corps en trois jours

(*Joan.*, ch. ii, vv. 19-22), sont celles des travaux de Zorobabel. Hérode mit aux siens, selon Josèphe, neuf ans et demi.

Les murs du Haram n'offrent pas trace des ouvrages d'art gigantesques donnant accès, sur les flancs du môle salomonien, aux portiques du Temple; leurs pierres n'atteignent pas les dimensions énormes signalées par Josèphe, jusqu'à vingt coudées, comparables à celles de Balbek; et l'inclinaison de leurs matériaux, obtenue par le retrait des assises successives, procédé indigne du revêtement même des pylônes égyptiens, laisse croire qu'ils furent empruntés à une démolition de murs antérieurs à parement vertical. Leur style donc est postérieur à Hérode, nous l'avons insinué, comme nous avons signalé l'inconvenance liturgique et utilitaire des plans qu'attribue aux bâtiments sacrés l'école moderne : quinze chambrées en tout, par exemple, au lieu des quatre ou cinq cents d'Ézéchiel !

Que put faire Hérode, de l'aveu même de M. de Vogüé ? Réparer et embellir, outre la première enceinte, les portiques de l'enceinte d'Israël, extérieurs, et non intérieurs à l'enceinte sacrée, et limitant le parvis contigu des Gentils; réparer seulement les portiques des Prêtres, qu'il n'eût pu démolir et reconstruire en deux ans, en supprimant le ministère et les sacrifices du Lieu saint; exhausser le temple de Zorobabel, non le renverser et le rétablir, comme le dit Josèphe, qui donne pour preuve un agrandissement faux : cent coudées sur soixante sont déjà les chiffres salomoniens relevés par Ézéchiel ; l'exhausser, en rétablissant l'élévation, non de cent vingt coudées, réduite, selon Josèphe, par un tassement de dix mètres dans les fondations, fable monumentale ! mais de cent coudées pour la Tour, et de quatre-vingt-dix pour le Saint et le Saint des saints surmontés de l'étage du Cénacle : hauteur de l'édifice de Salomon, et de la tour sous son plafond, continuation de celui du Sanctuaire. La hauteur totale de soixante coudées, qu'avait fixée l'édit de Cyrus, fut prise pour une hauteur sous plafond du Saint et de la partie recouvrant le Saint des saints par Josèphe, malgré sa disproportion avec vingt et quarante en largeur et en longueur. Aussi élève-t-il du double son Cénacle, qui, en réalité, à partir du plafond inférieur, à quarante-cinq coudées, fut élevé de quarante-cinq coudées, en surcroit, par les restaurations d'Hérode.

Il n'y eut donc pas de troisième temple. Une dernière preuve sera la différence de la main-d'œuvre. Outre les préparatifs faits par David pour la construction de la Maison de Dieu, Salomon, son fils, y employa au moins deux cent mille ouvriers pendant sept années consécutives ; Hérode n'occupa, dans le cours de dix ans, que dix mille ouvriers. Or, deux cent mille hommes, travaillant sept ans, sont à dix mille, travaillant dix ans, comme quatorze est à un. Donc, Hérode ne put accomplir que l'équivalent tout au plus du quatorzième des œuvres de Salomon.

VI

Nous avons longuement prouvé les contradictions

et les erreurs de l'école moderne, représentée par M. de Vogüé. Notre démonstration tombe de tout son poids sur un autre livre plus récent que le *Temple de Jérusalem*, et qui a dû s'en inspirer, tout en puisant directement aux autres sources, les Rabbins et Josèphe. Ce sont les chapitres consacrés au premier, au second et au troisième temple, de l'*Archéologie biblique* du docteur Schegg, éditée par le docteur Wirthmüller, tous deux professeurs de théologie à Munich (Herder). Ils n'admettent pas pour le Tabernacle (chapitre précédent) une imitation idolâtrique, et attribuent justement à Salomon l'ensemble monumental des travaux du premier temple ; mais ils méritent tous les reproches que nous avons faits à M. de Vogüé, et en aggravent les torts en ce qui concerne le prétendu troisième temple.

Ce savant ouvrage, en effet, décrit le premier temple, d'après les livres historiques, et aussi d'après Ézéchiel, sans faire droit entièrement à toutes leurs données, mais il néglige le temple « visionnaire » d'Ézéchiel en tant que second temple, et par suite se condamne à ne trouver nulle part, d'après lui, une description suffisante de ce dernier. Puis, il attribue un « troisième temple » entièrement reconstruit à Hérode, mêlant avec une déplorable confusion, malgré ses essais d'explication raisonnée, malgré les connaissances réelles mais désorientées d'architecture, d'antiquités et des saintes Écritures en cette matière, dont il fait preuve, les chiffres plus ou moins vrais de la Mischnah et de Josèphe : celui-ci qualifié néanmoins de « fantastique ». M. Renan doit trouver, selon nous, d'autres contradicteurs de ses fantaisies dans les rangs des docteurs catholiques, sinon il aurait trop beau jeu, et trop facile, à ses mépris calculés.

Sans avoir sous les yeux les commentaires des Pères jésuites allemands Cornely, Knabenbauer, v. Hummelauer, et de leurs confrères (*Cursus Scripturæ sacræ*, Lethielleux), qui comprennent déjà les Rois et les Paralipomènes, nous aimons à croire qu'ils auront emprunté à notre P. Pailloux ses conclusions, rigoureusement déduites des Livres saints. Vouloir les changer, en modifier les éléments essentiels, serait peine perdue. Tout au plus, comme nous avons pris sur nous de l'indiquer, peut-on compléter, préciser les applications de ses calculs, les étendre à toutes les parties de l'architecture sacrée du Temple, et cette œuvre sera la nôtre. Que si l'on reprochait à la *Monographie du Temple de Salomon* des vues systématiques, nous répondrions : système pour système, autant que le comporte un sujet, peut-être le plus difficile de l'exégèse biblique, nous préférons celui dont les prémisses ont pour garant toute l'antiquité sacrée et profane, et la conséquence, pour preuve de sa légitimité, les travaux sans pair d'un Villalpand, et avec lui des plus illustres théologiens de l'Église, de savants, comme dom Calmet et le P. Lamy, d'écrivains même hétérodoxes, Sturm et Capel, confirmant ses conclusions magistrales.

Dans la « fantastique » histoire du règne de Salomon, extraite de celle d'Israël, par Renan, nous n'avons pas pris la tâche de tout réfuter, même en ce qui touche le Temple et ses rites sacrés. Il nous faudrait d'ailleurs écrire un livre, car cette histoire, partout, est faussée par les mêmes moyens que nous avons flétris. C'est assez pour nous, imitant sa tactique, d'avoir montré, à bon droit, ce que valent et les affirmations de sa plume et l'artifice de ses interprétations.

Néanmoins, nous devons nier encore ce qu'il suggère des travaux de Salomon, faisant préparer les matériaux du Temple en accablant de corvées écrasantes les Israélites. Outre que, d'après les chiffres et les descriptions de Renan, à la suite de M. de Vogüé, ce ne sont pas trente mille hommes qu'il eût fallu pour abattre les cèdres du Liban, mais trente hommes déterminés; outre que le palais du roi fut édifié, après le Temple, en treize années, les corvées sont une imagination persistante de l'auteur, qui fait des surveillants autant d'alguazils armés de bâtons. Il se contredit du reste, puisqu'il admet que, sur trois mois, les hommes en passaient deux mois chez eux, et un mois dans le Liban; et il oublie, sciemment, que tous les autres ouvriers du Temple étaient des prosélytes (Rois III, ch. v., v. 15, et Par. II, ch. II, vv. 17-18) rassemblés par David, et formés comme manœuvres et tailleurs de pierre, depuis plusieurs années, par ses ordres. Les Israélites, quant à eux, dédaignaient les arts mécaniques, et ce fut l'unique motif de l'emploi d'ouvriers spéciaux étrangers pour le transport des matériaux de construction et la fonte des vases sacrés d'airain, indépendamment des plans et des modèles tracés par Dieu (*cf.* Par. II, ch. IX, v. 2).

Le but des constructions du Temple est dénaturé, avec force ironie, par Renan. Selon lui, de la part de David et de Salomon, le Temple et la cité sainte elle-même furent édifiés dans une intention toute politique et humaine; celle-ci ne devint qu'avec le fanatisme des âges suivants la Ville de Dieu ; et l'édifice du Moria, « simple chapelle de palais... ornée comme un sérail », destiné à faire ressortir les splendeurs royales et à mettre sous la main du souverain la religion et le sacerdoce de tout le peuple d'Israël, aurait été « le premier acte de la destruction successive des scories superstitieuses du vieil Israël ».

Si nous notons que ces superstitions « piétistes » sont, d'après Renan, devenues dominantes seulement au temps des prophètes, et après la Captivité, tellement qu'il en fait dater le « mosaïsme » et l'histoire sainte entière, nous ne comprendrons plus cette transition étrange, et ce sort du Temple qui détruit le passé du culte d'un peuple, tout en s'y rattachant (d'après la vérité historique et divine le consacrant, et le couronnant pour des siècles, moyennant sa fidélité), et qui fournit pourtant des armes à une réaction religieuse plus nationale que jamais, par l'organisation du culte au sixième siècle (Renan admet donc un second temple autre que celui d'Hérode par lui copié)! Et cela, dans la période de « liberté prophétique » dont la première « thora » fut une réponse à Salomon, et qui fonda cependant « au lieu des vieilles chimères religieuses », et en réprouvant le Temple, « le culte pur, universel, en esprit et en vérité ». M. Renan ici, dans son impiété, a été incapable de reconnaître l'accomplissement même, par l'Évangile de Jésus-Christ, vrai Dieu et vrai homme, de toutes les figures et préparations providentielles de l'Ancienne Loi !

Nous nous refusons encore à passer sous silence l'une des plus odieuses déclamations de M. Renan, sur les écrits de Salomon.

Non content de déguiser la « hokma » ou sagesse qu'il demandait à Dieu en habileté politique, celle du monarque oriental, ou « escobarderie », il refuse à Salomon la qualité d'écrivain, surtout d'écrivain sacré. La littérature « du temps de Salomon » fut toute profane à ses yeux : « il semble », du moins, car il fixe avec peu d'assurance les phases de cette formation littéraire du peuple de Dieu.

La Bible commençant avec les Prophètes, recueillant les « Toledoth » ou généalogies anciennes, certaines parties de l'Hexateuque, comme les chapitres x et xiv de la Genèse, remontant « à Salomon »; tout le reste de ce recueil « piétiste » qui cite pour la première fois alors les guerres de Dieu, et consigne par écrit les « grandes poésies nationales » du temps des Juges, longtemps après l'époque où on les chantait, et différentes de ce qui a pu exister, dans ce genre, du temps du Grand Roi (mais en tout cas rédigé plusieurs siècles après lui) : pourquoi tout cet échafaudage d'hypothèses gratuites ?

M. Renan prend pour exemple la poésie arabe, entre autres littératures de l'Orient.

Il se donne un premier tort en choisissant ce terme

de rapprochement arbitraire : celui de ne pas mentionner la vieille poésie arabe antéislamique, dont la question d'authenticité est par lui « soulevée » ailleurs, sans être résolue, mais dont les monuments restent les plus grandioses des quatre âges de cette littérature (P. Cheikho, *Études religieuses*, août 1888). Il s'en donne un second, plus grave, dans ses inductions et affirmations touchant nos saints Livres, car leurs témoignages formels, la tradition et les preuves de fait développées par des apologistes tels que M. Vigouroux, le P. Brücker et d'autres, après l'autorité infaillible de l'Église, établissent le contraire.

Pour ce qui est de Salomon, Renan reconnaît que les recueils paraboliques, d'une part, et l'agrandissement légendaire de sa personnalité ont été le noyau des compilations mises sous son nom, et ont donné naissance, trois siècles plus tard, aux récits du livre des Rois! Du reste, Salomon, d'après notre critique, se montre à travers l'Évangile, et jusqu'aux temps de l'islamisme, de plus en plus entouré d'une « floraison de mythes » qui répandirent ensuite dans le monde entier ce nom magique de Soleyman! Une partie du livre des Proverbes (ch. xi, 1 ; ch. xxii, 16) serait de lui, mais non à titre d'œuvre personnelle ; un tel recueil, selon Renan, n'est d'aucune littérature, comme ouvrage suivi : ce qui est contestable ; il en aurait fait faire la collection. L'Ecclésiaste ne lui appartiendrait pas davantage, ni les « sir » ou chants lyriques, compilation aussi peut-être, ainsi que l'histoire naturelle, « sans doute enfantine », mentionnés dans le passage ancien qui présente seul

« une demi-valeur historique » : c'est le chapitre iv°, versets 29-34 du III° livre des Rois.

VII

Là surtout où M. Renan montre son ignorance et son défaut même de tout sens littéraire, là où il étale sa haine blasphématoire contre l'inspiration sacrée, c'est dans la mention qu'il fait, après l'épisode « légendaire » de la reine de Saba (« mondain », comme le Temple), du Cantique des cantiques. « Ce petit poème », dit-il, « écrit bien plus tard, est l'expression des sentiments malveillants du vrai Israël, resté simple de mœurs, contre un règne dont il avait payé les dépenses, et dont il n'avait pas profité... Son harem fut l'objet d'amères railleries. Le sujet des dialogues d'amour chantés ou récités en certaines circonstances était toujours le même : une jeune fille des tribus du Nord, renfermée de force dans le sérail de Salomon, restait fière, obstinée, et, malgré les séductions, gardait sa fidélité à son amant, à son village, à ses souvenirs de vie champêtre. Dans ces scènes improvisées, on n'avait pas assez d'enthousiasme pour la bergère; on n'épargnait pas la honte au vieux débauché. » C'est ainsi qu'est parodiée, sous sa plume frivole, mais envenimée par un scepticisme corrupteur, la plus touchante poésie des âges prophétiques du Christ! Parodie plus développée, avec toutes ses contradictions, dans la traduction du Cantique des cantiques par Renan.

Relevons d'abord plusieurs erreurs de Renan

dans les lignes qui précèdent, et ailleurs, sur ce sujet.

La « Sullamith » (il n'y a aucun Daguesch) du Cantique ne peut être la même en personne qu'Abisag la Sunamite (Septante), l'épouse vierge du roi David (Rois III, ch. 1ᵉʳ, vv. 1-4) : car le droit sacré (Lév., ch. xviii, v. 8) s'y opposait, tant pour Adonias que pour Salomon (Ménochius et autres). Cependant l'allusion des lieux d'origine peut être admise, et même, en partie, celle de la beauté et de la pureté de la véritable Sulamith, qui fut, celle-ci, un personnage différent, réel ou idéal.

Sunem, d'après v. Riess, dans la tribu d'Issachar (Josué, ch. xviii, v. 19; Rois IV, ch. iv, v. 8), déjà Sûlam pour Eusèbe et saint Jérôme, en grec (Gésénius), est aujourd'hui Solam en arabe. Mais la « Sunamith » ou « Sônamith » des Septante, qui ont changé probablement les premiers l'*l* en *n*, a pu, dès plusieurs siècles, influer sur l'orthographe de Sunem, en le faisant rapporter au texte original du Cantique (Cant., ch. vii, vv. 1-2 *heb.*), ce qu'on n'est pas en droit de supposer à l'époque, contemporaine, de David et de Salomon, pour un nom connu et ancien. L'article est ici emphatique, exigé par la mesure du vers; et l'affinité de sons des deux noms démontre seulement la connexité primitive de leurs racines, pourtant distinctes.

Il n'est pas non plus permis de confondre la maison des femmes de David et celle de Salomon son fils, malgré le texte allégué par Gésénius (Rois II, ch. xii, v. 8; *contra* Ménochius); ni cette dernière, à laquelle, peut-être, le Cantique fait allusion (ch. xi, v. 8, *heb.*), d'après les mœurs orientales de ce temps et en conformité à la Loi divine, avec les femmes que prit Salomon plus tard dans les nations étrangères (Rois III, ch. ix, v. 3) contre la loi du Deutéronome (ch. vii, vv. 1-4), et qui pervertirent son cœur; de plus *concubina* signifie avec une égale exactitude : épouse de second ordre.

La polygamie, au moins depuis le déluge, avait été permise aux descendants des patriarches, pour multiplier le peuple élu, et indirectement même aux peuples infidèles qui les entouraient, à la différence du divorce (non la séparation de corps) par le répudiement légal, brisant le lien du mariage, que seule la loi de Moïse avait permis exclusivement aux Juifs. Cette permission fut abrogée par Jésus-Christ (Matth., ch. v, v. 32; ch. xix, vv. 3 *seq.*), qui ramena le mariage chrétien aux conditions premières, monogamie et indissolubilité, de son institution : figure sacrée déjà de l'union du Christ et de l'Église (Éph., ch. v, vv. 22-33) même après la chute, et dans la Loi nouvelle inséparable du sacrement pour les baptisés. De même la polygamie, dont la permission s'étendait aux Rois (Deut., ch. xxi, v. 15; ch. xvii, vv. 16 *seq.*; ch. xxv, vv. 5, 9), fut par Lui abrogée, quant aux fidèles certainement, probablement aussi pour les infidèles.

Ces rectifications faites, nous allons réparer la profanation, par une bouche impie, de nos textes les plus sacrés, en disant avec l'Église ce que fut le Cantique des cantiques.

La tradition constante de la Synagogue (paraphrase chaldaïque entre autres) et des Pères de tous les siècles du christianisme a vu dans le divin Cantique une allégorie littérale, figurant les noces du Verbe éternel de Dieu avec l'humanité, dans l'Incarnation d'abord, et dans son union de grâce avec les fidèles, membres de son peuple choisi, et de son corps mystique, l'Église : mariage divin, dont la consommation parfaite sera seulement l'union de la gloire éternelle.

Salomon en fut l'auteur, et tous les traits du premier terme de cette allégorie sont en accord avec son époque, certains événements de son règne, les mœurs sacrées bibliques et orientales, les données mêmes de lieux et de géographie. Ce fut, en effet, une idylle, un poème pastoral, que chanta, sous l'inspiration divine assurément, le roi pacifique, au temps de sa fidélité à son Dieu, à l'âge de son adolescence tout entourée des bénédictions de la sagesse et des splendeurs de la gloire d'Israël, béni aussi par Jéhova! Que le personnage de Sulamith, dont le nom est bien idéalisé « celle qui trouve la paix » (Cant., ch. VIII, v. 10, *cf*. Aquila) par Salomon lui-même, ait existé véritablement, et que ces chants aient célébré, non l'union réalisée du Bien-Aimé avec elle, mais un amour chaste et comme chevaleresque, dans sa plus noble acception, du magnifique prince envers une simple et ravissante bergère : nous l'admettons volontiers à cette époque de son règne. Ce qu'il décrit ne fut pas une contrainte d'amour, ni un combat de la fidélité contre la séduction, mais la pure et gracieuse expression d'un enthousiasme juvénile, outre l'inspiration qui conduisait l'écrivain. D'ailleurs si telle put être l'occasion du poème sacré, il n'est pas même nécessaire de la supposer réelle; surtout s'il fut composé, selon quelques-uns, après que Salomon eût fait pénitence, comme l'Ecclésiaste. Car l'idéal de Salomon, visant aussi l'union sainte du mariage, put être créé dans sa beauté par le génie de l'homme, tout en restant comme au premier cas, par destination divine, celui du mariage spirituel de l'Épouse terrestre avec l'Époux céleste, du Christ avec l'Église et avec toute âme se donnant à lui par la foi et l'amour : archétype de la première alliance établie par Dieu dès la création.

Telle est la base de l'exégèse catholique, interprétant le Cantique sacré. D'innombrables commentaires, depuis Origène jusqu'aux mystiques du moyen et du dernier âge, variations sublimes de la mélodie inspirée, comme les applications des textes liturgiques eux-mêmes, ont poursuivi cette interprétation, dont Bossuet a dit : « Une exposition joignant à l'unité de l'ensemble la solution des difficultés particulières du texte serait la tâche suprême de la science scripturaire de l'Ancien Testament, peut-être réservée à la fin des temps. » Plus heureux que lui dans sa tentative, nous pouvons citer une admirable exposition du Cantique (le *Cantique du saint amour de Salomon*) donnée par le docteur Schegg, dont nous avons parlé plus haut, et nous lui rendons l'hommage d'avoir rempli cette tâche, dans un si auguste sujet, avec une perfection qui n'a peut-être pas été dépassée. Qu'on veuille nous permettre cet éloge, qui ne tire pas son autorité d'une parole humble comme la nôtre, mais du rigoureux accomplissement des plus hauts devoirs de la science sacrée, croyons-nous, par l'éminent interprète.

La forme du poème, selon lui, est le drame, entendu plutôt à la manière antique, par dialogues et hérauts mis en scène, avec des chœurs. La succession des rôles est basée sur la traduction la plus précise de l'original hébraïque, en même temps qu'elle met dans la bouche des divers acteurs, non indifféremment telles ou telles louanges et récits, dont plusieurs sont seulement des songes où la force imaginative exalte les affections, mais bien les paroles qui conviennent à la trame des scènes et des actes, et ne sont pas en désaccord avec le caractère de l'ensemble.

Tendresse et pureté exquises, autant du côté de Salomon que de sa bien-aimée, tel est constamment ce caractère. L'idée fondamentale peut se traduire : « La volonté est plus forte que l'amour; » c'est l'amour (*cf.* Septante) même qui ne doit pas être éveillé ou excité avant la volonté par les filles de Jérusalem (le tout idéalisé) : trait de cette sagesse donnée à Salomon. Ce n'est qu'à la fin qu'elle devient : « L'amour est plus fort que la volonté » (*cf.* Cant. VIII, 4, *heb.*, d'après Pagninus et Vatable).

Une première partie s'étend jusqu'aux fiançailles; de là, et suivant le consentement immédiat de Sulamith à l'union désirée, une seconde partie conduit à la réception de la fiancée dans le palais du Liban, et se termine dans la maison de Sulamith, sans que les noces solennelles, d'ailleurs identifiées chez les Hébreux avec l'entrée de l'épouse chez l'époux, soient autrement comprises dans l'action. En attendant de publier, pour la France, le précieux commentaire de Schegg, donnons-en ici l'analyse plus détaillée.

LA JUDÉE ET LE LIBAN (GALILÉE SUPÉRIEURE)

Première partie. — Jusqu'aux fiançailles.

PREMIER ACTE

Première scène. — Maison de campagne de Salomon. Le soir. Salomon et Sulamith, une bergère, sont salués par le chœur des femmes; repas royal (ch. 1er, vv. 2-14).

Deuxième scène. — Après le repas, dans le jardin royal. Dialogues et louanges réciproques d'amour (ch. 1er, vv. 15-17; ch. 11, vv. 1-7).

Troisième scène. — Sulamith retirée dans la solitude; visite de Salomon et de sa suite; première invitation du bien-aimé : elle la décline avec grâce et modestie (ch. 11, vv. 8-17).

Quatrième scène. — Récit d'un songe de Sulamith, où elle introduit le bien-aimé dans la maison de sa mère (ch. 111, vv. 1-5).

DEUXIÈME ACTE — LES FIANÇAILLES

Première scène. — Foule et cortège royal. Les chœurs chantent les fiançailles royales (ch. 111, vv. 6-11).

Deuxième scène. — La reine-mère et sa suite, avec les chœurs, félicitent Salomon, et adressent leurs louanges à Sulamith, qui se retire encore dans la solitude (ch. iv, vv. 1-7).

Deuxième partie. — Après les fiançailles jusqu'aux épousailles.

PREMIER ACTE

Première scène. — Oasis de Damas. Salomon vient chercher sa fiancée et l'invite à le suivre, sans attendre l'année des fiançailles; il loue ses grâces avec amour. Sulamith consent; Salomon s'adresse aux amis qu'il invite à la solennité (ch. iv, vv. 8-16; ch. v, v. 1).

Deuxième scène. — Dans l'intervalle, Sulamith raconte un second rêve, où elle exalte, avec les filles de Sion, les charmes du bien-aimé; refus négligent, quoique juste, de le recevoir; puis recherche trop passionnée; monologue de son amour envers lui; épreuve de cet amour : plus forte reste la volonté (ch. v, vv. 2-16; ch. vi, vv. 1-3).

DEUXIÈME ACTE

Première scène. — Départ du château du Liban. Les chœurs des femmes de Sulamith et Salomon célèbrent encore la beauté de son unique bien-aimée (ch. vi, vv. 4-9).

Deuxième scène. — Une foule. Réception solennelle de la fiancée par ceux de sa tribu et sa famille; un souvenir de Sulamith (ch. vi, vv. 10-12).

Troisième scène. — Les amies et compagnes de Sulamith, en plusieurs chœurs, chantent ses louanges : Salomon et Sulamith y répondent; celle-ci, parlant à Salomon, souhaite encore le recevoir comme un frère bien-aimé, chez sa mère, loin de la cité : lui l'instruisant, elle lui offrant ses plus beaux fruits (ch. vii, vv. 1-14; ch. viii, vv. 1-4).

Quatrième scène. — Visite sous le toit maternel de Sulamith. A l'Orient, le désert entre le Jourdain et les hauts plateaux d'Hunin. De loin, on voit Salomon conduisant la fiancée. Foule, Salomon et Sulamith. Acclamations. La première entrevue rappelée par Salomon. Entrée dans la maison. Sulamith exprime avec ardeur tout son amour et sa reconnaissance au bien-aimé. Leur plus jeune sœur; sa sollicitude : réponse du roi. Elle se compare à celle qui a trouvé la paix, don du bien-aimé; lui offre dès ce jour les mille sicles de sa propre vigne, offrande sacrée, avec le cinquième, réservé à celles qui la servent. Sa prière à Salomon renouvelée : leur union, lui, sur les montagnes d'aromates, elle, au milieu de ses jardins préférés : dans la simplicité et l'intimité de leur amour (ch. viii, vv. 5-14).

L'ordre de ces actes et de ces scènes est en parfaite conformité, pour les divers dialogues et leurs nuances délicates, avec les divisions des versets hébreux, composés eux-mêmes de vers de six pieds à la vive et harmonieuse cadence. Il se déroule, dans la traduction iambique du docteur Schegg, avec un charme et une vérité qui en font le plus merveilleux modèle du genre : genre divin, il est vrai, puisque ces paroles eurent pour auteur et inspirateur, dans ses ineffables recherches à l'égard de l'homme, l'éternel Amour.

Ce plan est aussi retracé par le psaume XLV (*heb.*), préambule du Cantique des cantiques, selon saint Jérôme (*Ep. ad Principiam*); son esquisse, d'après Mgr Martini.

DÉDICACE (chantre et chœur); louanges du roi et de son règne (vv. 1-8); cortège et solennité nuptiale (vv. 9-10); le roi : invitation adressée à l'épouse (vv. 11-13); ses louanges (chantre); leur postérité (vv. 14-18).

C'est le même épithalame sacré.

Arrêtons-nous, après ce témoignage que notre foi d'enfant de l'Église a voulu rendre à l'adorable vérité, insultée par tant d'outrages et de mensonges du rationalisme moderne, fils de l'enfer! Ici, comme dans la question du Temple de Salomon, nous espérons l'avoir prouvé contre les hommes de l'école de Renan, ses maîtres — en exceptant les catholiques d'une partie de ce blâme — ou ses malheureux imitateurs : ici encore, on ne sait qui l'emporte de l'ignorance ou du blasphème! Blasphème devant Dieu! Ignorance devant les hommes! *Quæcumque... ignorant, blasphemant!* (*Epist. cathol. Jud.*, v. 10).

Vicomte François de Salignac Fénelon,
Membre correspondant
de l'Académie catholique de Palerme.

CHEZ LES MÊMES ÉDITEURS

R. P. PAILLOUX, S. J.

MONOGRAPHIE
DU
TEMPLE DE SALOMON

UN MAGNIFIQUE VOLUME IN-FOLIO, TEXTE ELZEVIR, IMPRIMÉ PAR JOUAUST
ORNÉ DE GRAVURES SUR BOIS ET 20 GRANDES COMPOSITIONS HORS-TEXTE
Prix, sur papier velin glacé, rel. toile tr. n. rog. **100 fr.**

Tirage de luxe : 50 exemplaires numérotés sur papier de Hollande, 150 fr.;
20 exemplaires numérotés sur papier du Japon, 200 fr. — *Reliure amateur :* Dos chagrin, tête dorée, en plus . . . . **25 fr.**

L'ABBÉ F. VIGOUROUX
Prêtre de Saint-Sulpice, auteur du Manuel biblique

LES LIVRES SAINTS
ET LA CRITIQUE RATIONALISTE

HISTOIRE ET RÉFUTATION DES OBJECTIONS DES INCRÉDULES CONTRE LA BIBLE
AVEC DES ILLUSTRATIONS D'APRÈS LES MONUMENTS

Par M. l'abbé L. DOUILLARD
Architecte, membre du jury de l'École des Beaux-Arts

L'ouvrage formera 4 forts volumes

Édition de luxe, format in-8, papier teinté. Prix du volume . . . . **7 fr.**
Édition économique, format in-16, papier teinté. Prix du volume. **4 fr.**

Il a été tiré 50 exemplaires sur papier de Hollande. 15 fr.
10 exemplaires sur papier du Japon. 25 fr.

Ont paru les tomes I, II, III; le tome IV paraîtra en juin 1887.

BACUEZ ET VIGOUROUX (Abbés). — **Manuel biblique.** 6e édition avec nombreuses figures dans le texte. 4 vol. in-12 . . . . **14 fr.**
GLAIRE (l'Abbé). — **La sainte Bible**, traduction nouvelle avec notes, approuvée par la commission d'examen nommée par le Souverain Pontife. 4 vol. in-18 brochés . . . . **10 fr.**
— La même, avec introductions, notes complémentaires et appendices par l'abbé Vigouroux, 4 v. in-8 (sous presse). Pour les souscripteurs. **24 fr.**
Biblia sacra avec imprimatur. Parisiis, 1 vol. in-8 . . . . . **6 fr.**
Biblia sacra. Garante Vercellone, Rome, 1 vol. in-4, net. **15 fr.**
Biblia hebraica (Recensuit Rosenmuller), 1 vol. in-12. **9 fr.**

www.ingramcontent.com/pod-product-compliance
Lightning Source LLC
LaVergne TN
LVHW020958090426
835512LV00009B/1938